KUHARICA ZA BRZO POPRAVLJANJE TESPIJA

100 jednostavnih recepata za ukusnu ugodnu hranu

Lara Jurić

Materijal autorskih prava ©2024

Sva prava pridržana

Nijedan dio ove knjige ne smije se koristiti ili prenositi u bilo kojem obliku ili na bilo koji način bez odgovarajućeg pisanog pristanka izdavača i vlasnika autorskih prava, osim kratkih citata korištenih u recenziji. Ovu knjigu ne treba smatrati zamjenom za medicinske, pravne ili druge stručne savjete.

SADRŽAJ

SADRŽAJ 3
UVOD 6
TESPICIJE OD JAJA 7
   1. Šparoge – englesko pečenje muffina 8
   2. Zapečeni Burritos za doručak 10
   3. Pizza s kajganom i šunkom 12
   4. Tepsija sa slaninom i jajima 14
   5. Pecivo za doručak s kobasicom 16
   6. Jugozapadna jaja 18
   7. Lonac od zobenih pahuljica od trešnje i bobica 20
   8. Užina s omletom 22
   9. Polumjesec, Smjesa Smeđa i pečenje kobasice 24
   10. Francuski tost s grožđicama 26
   11. Fritata od špinata 28
   12. Švicarska tepsija s kobasicama 30
   13. Roll tepsija s cimetom i grožđicama 32
   14. Pecite kroasan od jabuka 34
   15. Tost s borovnicama Pecite 36
   16. Osnovni francuski tost Casserole 38
LOPE OD PERIDE 40
   17. Tepsija s brokulom i piletinom 41
   18. Piletina od indijskih oraha 43
   19. Sirast Piletina 45
   20. Enchilade s tortilja čipsom 47
   21. Tepsija od piletine od kukuruznog kruha 49
   22. Pileće enchilade prikladne za obitelj 51
   23. Fiesta pileći lonac 53
   24. Slatko Lemony Piletina Casserole 55
   25. Mango pileći lonac 57
   26. Tepsija od maka 59
   27. Tepsija s piletinom od ananasa 61
   28. Southwestern piletina Roll ups 63
   29. švicarska piletina 65
   30. Purica i pečenje od krumpira 67
   31. Teriyaki piletina 69
   32. Divlja riža i piletina 71
   33. Tepsija s bosiljkom i piletinom 73
   34. Poslije Dana zahvalnosti Tepsija 75

35. Pureća tortilja lonac 77
36. Turketti 79
37. Nadjev i pureća tepsija 81
38. Turski divan 83

JEDNICE SA POVRĆEM 85
39. Tepsija od šparoga 86
40. Puna lonac od povrća 88
41. Tepsija od krumpira s mozzarellom 90
42. Kremasta tepsija od špinata 92
43. Meksička pizza tepsija 94
44. Tepsija od slatkog luka 96
45. Vege pastirska pita 98
46. Tepsija s nadjevom od povrća 100
47. Zapečene tikvice sa sirom 102

JEDNICE OD MAHUNKA I GRAHA 104
48. Složena tortilla pita od crnog graha 105
49. Tepsija od zelenog graha 107
50. Indiana Ljubitelji kukuruzaCasserole 109
51. Hominy Casserole 111

JEDNICE OD RIŽE I REZANCA 113
52. Tepsija s pudingom od rezanaca 114
53. Tepsija od bakalara 116
54. Pureća tepsija s rezancima 119
55. Tepsija od plodova mora 121
56. Tepsija od riže i zelenog čilea 123
57. Tepsija od ribe i sira 125
58. Rotini Pecite 127
59. Lonac s rezancima s cheddar šunkom 129
60. Talijanski kolač od makarona 131
61. Pečeni ravioli Alfredo 133

SVINJSKE LOPE 135
62. Tepsija sa špageti od kobasica 136
63. Pečenje kanadske pizze sa slaninom 138
64. Lonac od brokule i šunke 140
65. Tepsija za pizzu u čikaškom stilu 142
66. Seoska brokula, sir i šunka 144
67. kotleti sa švicarskim sirom 146
68. Smjesa Smeđa Nebo 148
69. Jambalaya 150
70. Narančasta riža i svinjski kotleti 152
71. Tepsija s kobasicama i feferonima 154

GOVEĐE TESPICE 156
72. Goveđi lonac 157

73. Kukuruzni kruh na čiliju 159
74. Enchilada lonac 161
75. Enchilade od krem sira 163
76. Chilighetti 165
77. Tacosi u dubokoj posudi 167
78. Kaubojska tepsija 169
79. Nevjerojatna Cheeseburger pita 171
80. Lonac od mesa i krumpira 173
81. Tepsija s mesnim okruglicama 175
82. Pečenje na roštilju u kolutima luka 177
83. Sloppy Joe Pie Casserole 179
84. Jugozapadna tepsija 181
85. Tater Tot tepsija 183

JEDNICE OD RIBE I PLODOVA MORA 185

86. Tuna–Tater Tot lonac 186
87. Tradicionalna lonac od tune 188
88. Tepsija sa senfom i lososom 190
89. Tepsija za večeru od lososa 192
90. Bayou tepsija s plodovima mora 194
91. Kremasta tepsija s plodovima mora 196
92. Tepsija od iverka 198
93. Tepsija od pečenog lista i špinata 200
94. Tepsija od kukuruza i ribljih štapića 203
95. Tepsija od kamenica 205
96. Kreolski lonac od škampa 208
97. Gratinirana tepsija s plodovima mora 210

SLATKE TEPSICE 212

98. Tepsija od prhkog tijesta od jagoda 213
99. Palačinka s komadićima čokolade i banane 215
100. Smores lonac 217

ZAKLJUČAK 219

UVOD

Dobro došli u " Kuharica Za Brzo Popravljanje Tespija: 100 jednostavnih recepata za ukusnu ugodnu hranu." Lonci su utjelovljenje ugodne hrane, nudeći toplinu, okus i osjećaj doma u svakom zalogaju. U ovoj kuharici pozivamo vas da otkrijete užitak laganih i zadovoljavajućih obroka sa zbirkom od 100 recepata za pečenje koji će vam se sliti u usta, osmišljenih da vam pojednostave vrijeme u kuhinji, a istovremeno oduševe vaše okusne pupoljke.

Tepsije su omiljene zbog svoje svestranosti, jednostavnosti i sposobnosti da nahrane mnoštvo uz minimalan napor. Bilo da kuhate za užurbanu radnu večeru, okupljanje uz ručak ili jednostavno žudite za utješnim obrokom nakon dugog dana, na ovim ćete stranicama pronaći inspiraciju i praktičnost. Od klasičnih favorita kao što su makaroni sa sirom i goveđi stroganoff do inovativnih zaokreta tradicionalnih recepata, postoji složenac za svaku priliku i svako nepce.

Svaki recept u ovoj kuharici pažljivo je osmišljen kako bi se osigurao maksimalan okus uz minimalnu muku. S jednostavnim uputama, uobičajenim sastojcima i korisnim savjetima za pripremu i čuvanje obroka, moći ćete s lakoćom pripremiti ukusnu složencu, čak i u danima s najvećim prometom. Bez obzira jeste li iskusni kuhar kod kuće ili ste novi u kuhinji, pronaći ćete mnoštvo opcija za zadovoljenje vaših želja i pojednostavljenje rutine obroka.

Dakle, zgrabite svoju vatrostalnu posudu, zagrijte pećnicu i pripremite se prepustiti se utješnoj dobroti "Kuharice za brze posude". Sa svojim neodoljivim receptima i praktičnim pristupom kuhanju, ova će kuharica zasigurno postati glavna namirnica u vašoj kuhinji u godinama koje dolaze.

TESPICIJE OD JAJA

1. Šparoge – englesko pečenje muffina

SASTOJCI:
- 1 funta svježih šparoga, narezanih na komade od 1 inča
- 5 engleskih muffina, podijeljenih i prepečenih
- 2 šalice ribanog sira Colby Jack, podijeljene
- 1 ½ šalice potpuno kuhane šunke narezane na kockice
- ½ šalice nasjeckane crvene paprike
- 8 jaja, istučenih
- 2 šalice mlijeka
- 1 žličica soli
- 1 žličica suhe gorušice
- ½ žličice crnog papra

UPUTE:
a) U loncu od 4 litre kuhajte komade šparoga 1 minutu. Ocijedite i stavite u veliku zdjelu ledene vode kako biste zaustavili proces kuhanja. Ocijedite i osušite šparoge papirnatim ručnicima.

b) Stavite polovice engleskih muffina, s prerezanom stranom prema gore, da napravite koricu u podmazanu tepsiju veličine 9x13 inča. Izrežite muffine da popunite prazna mjesta u tepsiji po potrebi. Složite šparoge, pola sira, šunku i papriku preko muffina.

c) U velikoj zdjeli umutite jaja, mlijeko, sol, suhi senf i papar. Smjesu jaja ravnomjerno prelijte preko muffina. Pokrijte i ostavite u hladnjaku 2 sata ili preko noći. Izvadite iz hladnjaka prije nego što zagrijete pećnicu na 375 stupnjeva. Pecite 40-45 minuta, ili dok se ne stegne u sredini. Odmah po vrhu pospite preostali sir i poslužite.

2.Zapečeni Burritos za doručak

SASTOJCI:
- 12 jaja
- ¾ šalice debele salse
- 10 srednjih tortilja od brašna
- 4 unce limenke nasjeckanog zelenog čilija
- 1 šalica ribanog cheddar sira

UPUTE:
a) Zagrijte pećnicu na 350 stupnjeva.
b) U tavi za prženje umutite jaja i salsu dok ne postanu čvrsta, ali ne i suha. Zagrijte tortilje u mikrovalnoj dok ne omekšaju. U sredinu svake tortilje stavite po žlicu smjese umućenih jaja.
c) Zarolajte tortilju i stavite je u namašćenu tepsiju veličine 9x13 inča.
d) Pospite zelenim čilijem i sirom.
e) Pokrijte i pecite 15 minuta.

3.Pizza s kajganom i šunkom

SASTOJCI:
- 1 tuba (13,8 unci) ohlađenog tijesta za pizzu
- 8 jaja
- 2 žlice mlijeka
- sol i papar, po ukusu
- 1-½ šalice potpuno kuhane šunke narezane na kockice
- 1 šalica ribanog cheddar sira

UPUTE:
a) Zagrijte pećnicu na 400 stupnjeva.
b) Tijesto za koru za pizzu raširite po dnu i do polovice stranica namašćene posude veličine 9x13 inča. Pecite 8 minuta.
c) U tavi umutite i skuhajte jaja i mlijeko dok ne postanu čvrsta, ali ne i suha. Posolite i popaprite.
d) Preko vruće kore premazati umućena jaja. Preko jaja ravnomjerno stavite šunku i sir.
e) Pecite 8-12 minuta, ili dok korica ne porumeni i sir se otopi.

4.Tepsija sa slaninom i jajima

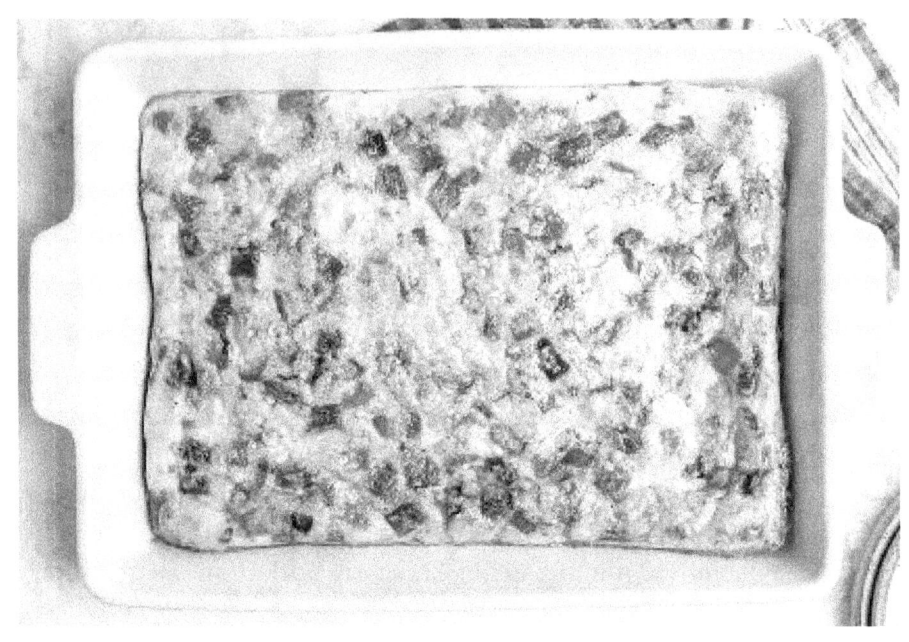

SASTOJCI:
- 12 jaja
- 1 šalica mlijeka
- 1 šalica ribanog Monterey Jack sira, podijeljena
- 1 funta slanine, kuhane i izmrvljene
- 1 vezica mladog luka, nasjeckanog

UPUTE:
a) Zagrijte pećnicu na 325 stupnjeva.
b) U zdjeli umutiti jaja, mlijeko i pola sira. Umiješajte slaninu i luk. Ulijte smjesu u podmazanu tepsiju veličine 9x13 inča.
c) Poklopite i kuhajte 45 – 55 minuta, ili dok se jaja ne stvrdnu.
d) Odmah pospite preostalim sirom i poslužite.

5.Pecivo za doručak s kobasicom

SASTOJCI:
- 3-½ šalice smrznutog nasjeckanog smeđeg kolača
- 1 funta kobasice, zapečene i ocijeđene
- 1 šalica ribanog cheddar sira
- 6 jaja, istučenih
- ¾ šalice mlijeka
- 1 žličica suhe gorušice
- ½ žličice soli
- ½ žličice crnog papra

UPUTE:
a) Rasporedite smeđe kolače na dno podmazane posude veličine 9x13 inča. Po vrhu pospite kuhanu kobasicu i sir.
b) U zdjeli pomiješajte jaja, mlijeko, suhi senf, sol i papar. Mješavinu jaja ravnomjerno prelijte preko kobasica i kolačića. Pokrijte i ostavite u hladnjaku 2 sata ili preko noći.
c) Izvadite iz hladnjaka 20 minuta prije pečenja i zagrijte pećnicu na 350 stupnjeva. Pokrijte i pecite 30 minuta. Otklopite i pecite još 5-8 minuta ili dok se sredina ne postavi.

6.Jugozapadna jaja

SASTOJCI:
- 12 jaja
- ½ šalice mlijeka
- 2 konzerve (svaka po 4 unce) nasjeckanog zelenog čilija
- ½ šalice nasjeckane crvene paprike
- 1 šalica ribanog cheddar sira
- 1 šalica ribanog Monterey Jack sira

UPUTE:
a) Zagrijte pećnicu na 350 stupnjeva.
b) U zdjeli umutiti jaja i mlijeko. Staviti na stranu.
c) U podmazanu tepsiju veličine 9x13 inča stavite slojeve čilija, paprike i sira. Izlijte smjesu jaja preko vrha.
d) Pokrijte i pecite 30-40 minuta, ili dok se jaja ne smjeste u sredinu.

7.Lonac od zobenih pahuljica od trešnje i bobica

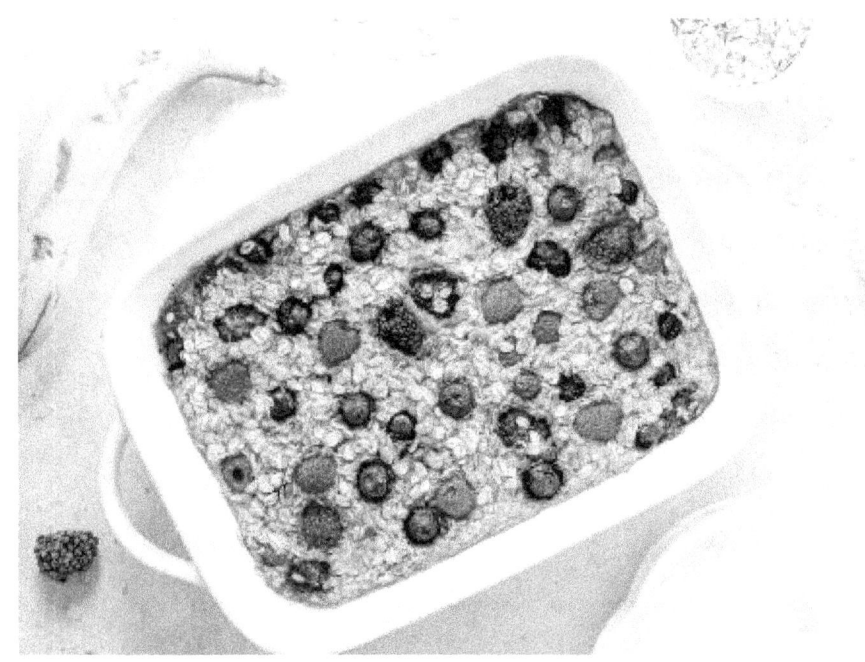

SASTOJCI:
- 2 šalice suhe valjane zobi
- ½ šalice plus 2 žlice. svijetlo smeđi šećer
- 1 žličica praška za pecivo
- 1 žličica mljevenog cimeta
- ½ žličice soli
- ½ šalice suhih višanja
- ½ šalice svježih ili otopljenih smrznutih borovnica
- ¼ šalice prženih badema
- 1 šalica punomasnog mlijeka
- 1 šalica pola-pola vrhnja
- 1 jaje
- 2 žlice. rastopljeni neslani maslac
- 1 žličica ekstrakta vanilije

UPUTE:
a) Zagrijte pećnicu na 375°. Pošpricajte četvrtastu posudu za pečenje od 8 inča neljepljivim sprejom za kuhanje.
b) U zdjelu za miješanje dodajte zobene zobi, ½ šalice smeđeg šećera, prašak za pecivo, cimet, sol, trešnje, ¼ šalice borovnica i ⅛ šalice badema. Miješati dok se ne sjedini i rasporediti u tepsiju.
c) Po vrhu pospite ¼ šalice borovnica i ⅛ šalice badema.
d) U zdjelu za miješanje dodajte mlijeko, pola-pola vrhnja, jaje, maslac i ekstrakt vanilije. Miješajte dok se ne sjedini i prelijte po vrhu tepsije. Nemojte miješati. Pospite 2 žlice smeđeg šećera po vrhu.
e) Pecite 30 minuta ili dok se složenac ne stegne i zobene pahuljice ne omekšaju. Izvadite iz pećnice i ostavite lonac da odstoji 5 minuta prije posluživanja.

8.Užina s omletom

SASTOJCI:
- 18 jaja
- 1 šalica kiselog vrhnja
- 1 šalica mlijeka
- 1 žličica soli
- ¼ šalice nasjeckanog mladog luka
- 1 šalica ribanog cheddar sira

UPUTE:
a) Zagrijte pećnicu na 325 stupnjeva.
b) U velikoj zdjeli umutiti jaja, kiselo vrhnje, mlijeko i sol. Presavijte zeleni luk. Ulijte smjesu u podmazanu tepsiju veličine 9x13 inča. Pecite 45-55 minuta, ili dok se jaja ne stvrdnu.
c) Odmah po vrhu pospite sir i izrežite na kvadrate prije posluživanja.

9. Polumjesec, Smjesa Smeđa i pečenje kobasice

SASTOJCI:
- 8 unci tijesta za rolade u obliku polumjeseca u tubi
- 10,4 unci kolutova kobasica, zapečenih, ocijeđenih i narezanih na ploške
- 1 šalica smrznutog nasjeckanog smeđeg kolača
- 1 ½ šalice ribanog cheddar sira
- 5 jaja
- ⅓ šalice mlijeka
- sol i papar, po ukusu

UPUTE:
a) Zagrijte pećnicu na 375 stupnjeva.
b) Razmotajte polumjesece i pritisnite tijesto preko dna i vrha okruglog kalupa za pizzu od 12 inča.
c) Po tijestu pospite kobasice, pržene krumpiriće i sir.
d) U zdjeli vilicom umutiti jaja, mlijeko, sol i papar. Prelijte smjesu jaja preko tijesta.
e) Pecite 30 minuta.
f) Poslužite kriške sa svježom salsom.

10. Francuski tost s grožđicama

SASTOJCI:
- 1 štruca (24 unce) kruha s cimetom i grožđicama, narezana na kockice
- 6 jaja, malo tučenih
- 3 šalice mlijeka
- 2 žličice vanilije
- šećer u prahu

UPUTE:
a) Stavite kockice kruha u podmazan pleh veličine 9x13 inča.
b) U zdjeli umutite jaja, mlijeko i vaniliju. Smjesu jaja ravnomjerno prelijte preko kruha. Pokrijte i ostavite u hladnjaku 2 sata ili preko noći.
c) Izvadite iz hladnjaka 20 minuta prije pečenja i zagrijte pećnicu na 350 stupnjeva.
d) Pecite nepokriveno 45-50 minuta ili dok ne porumeni.
e) Po vrhu pospite šećer u prahu. Poslužite s javorovim sirupom.

11. Fritata od špinata

SASTOJCI:
- 4 jaja
- 1 ½ šalice mlijeka
- ½ žličice soli
- 1 paket (10 unci) smrznutog špinata, odmrznutog i ocijeđenog
- ¾ šalice ribanog chedara ili švicarskog sira

UPUTE:
a) Zagrijte pećnicu na 400 stupnjeva.
b) U zdjeli umutite jaja, mlijeko i sol. Ulijte smjesu u namašćenu tepsiju veličine 8x8 inča. Preko smjese od jaja rasporedite špinat. Pecite 17-22 minute, ili dok se jaja ne stvrdnu. Pospite sirom po vrhu.

12. Švicarska tepsija s kobasicama

SASTOJCI:
- 10 kriški bijelog kruha, na kockice
- 1 funta začinjene kobasice, zapečene i ocijeđene
- 4 unce konzerve narezanih gljiva, ocijeđenih
- ¾ šalice ribanog cheddar sira
- 1 ½ šalice ribanog švicarskog sira
- 8 jaja, istučenih
- 2 šalice pola-pola
- 2 šalice mlijeka
- 1 žličica soli
- 1 žličica crnog papra

UPUTE:
a) Stavite kockice kruha u podmazan pleh veličine 9x13 inča. Namrvite kuhanu kobasicu preko kruha. Ravnomjerno rasporedite gljive preko kobasica i posipajte sireve po vrhu.
b) U velikoj zdjeli pomiješajte jaja, pola-pola, mlijeko, sol i papar. Smjesu jaja ravnomjerno prelijte preko sira. Pokrijte i ostavite u hladnjaku 2 sata ili preko noći.
c) Izvadite iz hladnjaka 20 minuta prije pečenja i zagrijte pećnicu na 350 stupnjeva. Pokrijte i pecite 30 minuta. Otklopite i pecite još 15-20 minuta.

13.Roll tepsija s cimetom i grožđicama

SASTOJCI:
- 2 limenke ohlađene peciva s cimetom, veličine 12 unci
- ¼ šalice svijetlo smeđeg šećera
- 1 šalica grožđica
- 4 jaja
- ½ šalice gustog vrhnja
- 2 žlice. javorov sirup
- 2 ½ žličice ekstrakta vanilije
- 1 žličica mljevenog cimeta
- 4 unce krem sira, omekšalog
- 1 šalica šećera u prahu
- 4 žlice neslan maslac, omekšao

UPUTE:
a) Zagrijte pećnicu na 350°. Pošpricajte posudu za pitu duboku 10 inča neljepljivim sprejom za kuhanje. Izvadite kolutiće cimeta iz konzerve.
b) Stavite pola kolutića cimeta u kalup za pite. Pospite 2 žlice smeđeg šećera i ½ šalice grožđica preko peciva s cimetom.
c) U zdjelu za miješanje dodajte jaja, vrhnje, javorov sirup, 2 žličice ekstrakta vanilije i cimet. Miješajte dok se ne sjedini i prelijte preko peciva s cimetom u kalupu za pitu. Preko vrha stavite preostale kolutiće cimeta. Po vrhu pospite preostali smeđi šećer i ½ šalice grožđica.
d) Pecite 30 minuta ili dok se složenac ne stegne i peciva s cimetom ne porumene.
e) Izvadite iz pećnice. U zdjelu za miješanje dodajte krem sir, šećer u prahu, maslac i ½ žličice ekstrakta vanilije.
f) Miješajte dok ne postane glatko i sjedinjeno. Premažite preko kiflica i poslužite.

14. Pecite kroasan od jabuka

SASTOJCI:
- 6 žlica Neslani maslac
- ½ šalice svijetlo smeđeg šećera
- 3 jabuke Granny Smith, očišćene od koštice i narezane na kockice
- 3 Fuji jabuke, očišćene od koštice i narezane na kockice
- ½ šalice plus 1 žlica. maslac od jabuke
- 1 žličica kukuruznog škroba
- 6 velikih kroasana, narezanih na kocke
- ½ šalice gustog vrhnja
- 3 razmućena jaja
- 1 žličica ekstrakta vanilije
- ¼ žličice začina za pitu od jabuka
- ½ šalice šećera u prahu

UPUTE:
a) Zagrijte pećnicu na 375°. Pošpricajte posudu za pečenje 9 x 13 neljepljivim sprejom za kuhanje. U veliku tavu na srednje jakoj vatri dodajte maslac. Kad se maslac otopi dodajte smeđi šećer. Miješajte dok se smeđi šećer ne otopi.
b) Dodajte jabuke u tavu. Miješajte dok se ne sjedini. Kuhajte 6 minuta ili dok jabuke ne omekšaju. U tavu dodajte 1 žlicu maslaca od jabuke i kukuruzni škrob. Miješajte dok se ne sjedini. Maknite tavu s vatre.
c) U tepsiju rasporedite kockice kroasana. Žlicom rasporedite jabuke po vrhu. U zdjelu za miješanje dodajte vrhnje, jaja, ekstrakt vanilije, začin za pitu od jabuka i ½ šalice maslaca od jabuka. Miješajte dok se ne sjedini i prelijte po vrhu tepsije.
d) Provjerite jesu li kockice kroasana obložene tekućinom.
e) Pecite 25 minuta ili dok se lonac ne postavi u sredinu.
f) Izvadite iz pećnice i po vrhu pospite šećerom u prahu. Poslužite toplo.

15. Tost s borovnicama Pecite

SASTOJCI:
- 12 kriški dan starog francuskog kruha, debljine 1".
- 5 tučenih jaja
- 2 ½ šalice punomasnog mlijeka
- 1 šalica svijetlo smeđeg šećera
- 1 žličica ekstrakta vanilije
- ½ žličice mljevenog muškatnog oraščića
- 1 šalica nasjeckanih oraha oraha
- ¼ šalice otopljenog neslanog maslaca
- 2 šalice svježih ili smrznutih borovnica

UPUTE:
a) Pošpricajte posudu za pečenje 9 x 13 neljepljivim sprejom za kuhanje. Stavite kriške kruha u posudu za pečenje. U zdjelu za miješanje dodajte jaja, mlijeko, ¾ šalice smeđeg šećera, ekstrakt vanilije i muškatni oraščić.
b) Mutiti dok se ne sjedini i preliti preko kruha. Pokrijte pleh plastičnom folijom. Držite u hladnjaku najmanje 8 sati, ali ne više od 10 sati. Izvadite posudu iz hladnjaka i skinite plastičnu foliju s posude.
c) Ostavite lonac na sobnoj temperaturi 30 minuta. Zagrijte pećnicu na 400°. Pospite orahe pecans po vrhu posude. U malu zdjelu dodajte ¼ šalice smeđeg šećera i maslac. Miješajte dok se ne sjedini i pospite po vrhu tepsije.
d) Pecite 25 minuta. Pospite borovnice po vrhu tepsije.
e) Pecite 10 minuta ili dok nož umetnut u sredinu posude ne izađe čist. Izvadite iz pećnice i poslužite.

16. Osnovni francuski tost Casserole

SASTOJCI:
- 1 šalica svijetlo smeđeg šećera
- ½ šalice neslanog maslaca
- 2 šalice svijetlog kukuruznog sirupa
- 16 unci štruce francuskog kruha, narezanog na kriške
- 5 tučenih jaja
- 1 ½ šalice punomasnog mlijeka
- Šećer u prahu po ukusu

UPUTE:
a) Lagano poprskajte posudu za pečenje 9 x 13 neljepljivim sprejom za kuhanje. U tavu na laganoj vatri dodajte smeđi šećer, maslac i kukuruzni sirup.
b) Miješajte dok se ne sjedini i kuhajte samo dok se svi sastojci ne otope. Maknite posudu s vatre i ulijte u tepsiju.
c) Preko sirupa stavite kriške francuskog kruha. Ne smijete upotrijebiti sve kriške kruha. Po potrebi odrežite kriške kruha kako bi pristajale. U zdjelu za miješanje dodajte jaja i mlijeko. Miješajte dok se ne sjedini i prelijte preko kriški kruha. Pokrijte pleh plastičnom folijom. Držite u hladnjaku najmanje 8 sati, ali ne više od 12 sati.
d) Izvadite posudu iz hladnjaka. Uklonite plastičnu foliju i ostavite lonac 30 minuta na sobnoj temperaturi. Zagrijte pećnicu na 350°.
e) Pecite 20-30 minuta ili dok se složenac ne stegne i ne porumeni.
f) Izvadite iz pećnice i po vrhu pospite šećerom u prahu po ukusu.

LOPE OD PERIDE

17. Tepsija s brokulom i piletinom

SASTOJCI:

- 2 šalice nasjeckane kuhane piletine
- 1 limenka (10,75 unci) kondenzirane krem juhe od gljiva
- ¼ šalice mlijeka
- ¾ šalice ribanog Monterey Jack sira
- 1 paket (10 unci) smrznute brokule, odmrznute
- ½ šalice zelenog luka, narezanog na ploške
- ½ žličice crnog papra

UPUTE:

a) Zagrijte pećnicu na 350 stupnjeva.

b) U velikoj zdjeli pomiješajte sve sastojke. Rasporedite smjesu u namašćenu tepsiju veličine 9x13 inča.

c) Pecite 35-40 minuta, ili dok ne postanu mjehurići.

18. Piletina od indijskih oraha

SASTOJCI:
- 1 paket (6,2 unce) pržene riže, s paketićem začina
- 2 šalice vode
- 2 pileća prsa bez kostiju i kože, kuhana i narezana na kockice
- ½ šalice narezanog celera
- Vodeni kesteni od 4 unce, ocijeđeni
- ⅔ šalice indijskih oraščića

UPUTE:
a) Zagrijte pećnicu na 350 stupnjeva.
b) U zdjeli pomiješajte rižu, paketić začina i vodu.
c) Složite piletinu, smjesu riže, celer i vodene kestene u podmazanu tepsiju veličine 9x9 inča. Pokrijte i pecite 30-40 minuta, ili dok riža ne bude gotova.
d) Pospite indijskim oraščićima.

19.Sirast Piletina

SASTOJCI:
- 4 do 6 pilećih prsa bez kože i kostiju
- 1 kutija (16 unci) kiselog vrhnja
- 1 limenka (10,75 unci) krem juhe od celera, kondenzirane
- 1 limenka (10,75 unci) pileće krem juhe, kondenzirane
- 1 ¼ šalice vode
- 2 šalice nekuhane bijele riže
- 1 šalica ribanog cheddar sira

UPUTE:
a) Zagrijte pećnicu na 325 stupnjeva.
b) Stavite piletinu u podmazan pleh veličine 9x13 inča.
c) U zdjeli pomiješajte kiselo vrhnje, juhe, vodu i nekuhanu rižu. Preliti preko piletine. Pokrijte i pecite 1 sat.
d) Neposredno prije posluživanja pospite sirom.

20.Enchilade s tortilja čipsom

SASTOJCI:
- 2 šalice nasjeckane kuhane piletine
- 2 limenke (10,75 unci svaka) pileće krem juhe, kondenzirane
- 1 šalica kiselog vrhnja
- ¼ šalice nasjeckanog luka
- 1 vrećica (12 unci) tortilja čipsa, zdrobljenog u vrećici
- 1 šalica ribanog Monterey Jack sira
- ½ šalice salse

UPUTE:
a) Zagrijte pećnicu na 350 stupnjeva.
b) U velikoj zdjeli pomiješajte piletinu, juhu, kiselo vrhnje i luk.
c) U podmazanu tepsiju veličine 9x13 inča rasporedite pola čipsa i pola smjese za juhu. Ponovite slojeve.
d) Pospite sirom i pecite 30 minuta. Poslužite sa šalšom.

21. Tepsija od piletine od kukuruznog kruha

SASTOJCI:
- 4 šalice nekuhanih rezanaca s jajima
- 3 šalice nasjeckane kuhane piletine
- 2 limenke (10,75 unci svaka) kondenzirane krem juhe od celera
- 1 limenka (15 unci) kukuruza u krem stilu
- 2 šalice ribanog cheddar sira
- 1 paket mješavine za kukuruzni kruh (veličine posude 8x8 inča)

UPUTE:
a) Zagrijte pećnicu na 350 stupnjeva.
b) Kuhajte rezance 5-7 minuta, ili dok ne budu kuhani. Ocijedite i pomiješajte s piletinom, juhom, kukuruzom i sirom. Ulijte smjesu za rezance u namašćenu tepsiju veličine 9x13 inča.
c) U zdjeli pomiješajte smjesu za kukuruzni kruh sa sastojcima navedenim na pakiranju. Žlicom nanesite tijesto za kukuruzni kruh preko smjese za rezance.
d) Pecite 25-30 minuta ili dok vrh kukuruznog kruha ne porumeni.

22. Pileće enchilade prikladne za obitelj

SASTOJCI:

- 3 šalice kuhane i narezane piletine
- 2 limenke (10,75 unci svaka) pileće krem juhe, kondenzirane
- 1 šalica kiselog vrhnja
- 4 unce limenke zelenog čilija narezanog na kockice, ocijeđenog
- ¼ šalice sušenog mljevenog luka
- 2 ½ šalice ribanog cheddar sira, podijeljeno
- 10 srednjih tortilja od brašna
- ⅓ šalice mlijeka

UPUTE:

a) Zagrijte pećnicu na 350 stupnjeva.

b) Pomiješajte piletinu, 1 konzervu juhe, kiselo vrhnje, čili, luk i 1 ½ šalicu sira. Napunite tortilje s ⅓ do ½ šalice mješavine piletine.

c) Napunjene tortilje zarolajte i stavite šavovima prema dolje u namašćenu tepsiju veličine 9x13 inča.

d) Preostalu juhu pomiješajte s mlijekom i premažite tortilje. Po vrhu pospite preostali sir.

e) Pokrijte i pecite 25 minuta. Otklopite i pecite još 5-10 minuta ili dok se ne zagrije.

23.Fiesta pileći lonac

SASTOJCI:
- 2 šalice nekuhane male tjestenine
- 2 šalice nasjeckane kuhane piletine
- 1 staklenka (16 unci) srednje velike salse
- Šaka maslina
- 2 šalice ribanog meksičkog sira

UPUTE:
a) Zagrijte pećnicu na 350 stupnjeva.
b) Skuhajte tjesteninu prema uputama na pakiranju i ocijedite.
c) Pomiješajte sve sastojke u podmazanoj posudi veličine 9x13 inča.
d) Pokrijte i pecite 20-25 minuta, ili dok se ne zagrije.
e) Odozgo stavite masline.

24.Slatko Lemony Piletina Casserole

SASTOJCI:
- 6 pilećih prsa bez kože i kostiju
- 2 žlice maslaca ili margarina, otopljenog
- ⅓ šalice brašna
- ⅓ šalice meda
- ¼ šalice soka od limuna
- 1 žlica soja umaka

UPUTE:
a) Zagrijte pećnicu na 350 stupnjeva.
b) Piletinu umočiti u maslac pa u brašno. Stavite u podmazanu tepsiju 9x13 inča.
c) Pomiješajte med, limunov sok i soja umak. Prelijte umak preko piletine.
d) Pokrijte i pecite 40 minuta, ili dok piletina nije gotova.

25. Mango pileći lonac

SASTOJCI:
- 1 šalica nekuhane bijele riže
- 2 šalice vode
- 4 pileća prsa bez kože i kostiju
- 1 staklenka (12 unci) salse od manga

UPUTE:

a) Zagrijte pećnicu na 350 stupnjeva.

b) U podmazanoj posudi veličine 9x13 inča pomiješajte rižu i vodu. Položite piletinu preko riže i prelijte salsom od manga.

c) Pokrijte i pecite 1 sat.

26. Tepsija od maka

SASTOJCI:
- 1 ½ funte mljevene puretine
- 1 zelena ili crvena paprika, nasjeckana
- 3 limenke (svaka po 8 unci) umaka od rajčice
- ½ žličice soli
- ½ žličice crnog papra
- 1 paket (8 unci) krem sira, na kockice
- ½ šalice kiselog vrhnja
- 1 šalica svježeg sira
- 1 žlica maka
- 1 vrećica (12-18 unci) kovrčavih rezanaca, kuhanih i ocijeđenih
- 1 žličica talijanskog začina
- ½ šalice ribanog parmezana

UPUTE:
a) Zagrijte pećnicu na 350 stupnjeva.
b) Zamećujte puretinu i papriku dok puretina ne bude gotova. Ocijedite tekućinu. Dodajte umak od rajčice, sol, papar i pirjajte na laganoj vatri.
c) U zdjeli pomiješajte krem sir, pavlaku, svježi sir i mak, pa pomiješajte sa ocijeđenim vrućim rezancima. Stavite smjesu za rezance na dno podmazane posude veličine 9x13 inča i na vrh stavite smjesu za puretinu. Pokrijte i pecite 30 minuta.
d) Otklopite i pecite još 10 minuta.
e) Pospite talijanskim začinima i parmezanom po vrhu.

27.Tepsija s piletinom od ananasa

SASTOJCI:

- 2 šalice kuhane piletine narezane na kockice
- 1 limenka (8 unci) zdrobljenog ananasa, s tekućinom
- 1 šalica nasjeckanog celera
- 1 šalica kuhane bijele riže
- 1 limenka (10,75 unci) kondenzirane krem juhe od gljiva
- 1 šalica majoneze
- 1 limenka (6 unci) narezanih vodenih kestena, ocijeđenih
- 2 šalice krušnih mrvica
- 1 žlica maslaca ili margarina, otopljenog

UPUTE:

a) Zagrijte pećnicu na 350 stupnjeva.

b) U velikoj zdjeli pomiješajte sve sastojke osim krušnih mrvica i maslaca.

c) Prebacite smjesu u namašćenu tepsiju veličine 9x13 inča.

d) Pomiješajte krušne mrvice i maslac; pospite preko vrha pileće smjese.

e) Pecite 30–45 minuta.

28.Southwestern piletina Roll ups

SASTOJCI:
- 1 šalica sitno mljevenih sirnih krekera
- 1 omotnica začina za taco
- 4 do 6 pilećih prsa bez kože i kostiju
- 4 do 6 kriški Monterey Jack sira
- 4 unce limenke nasjeckanog zelenog čilija

UPUTE:
a) Zagrijte pećnicu na 350 stupnjeva.
b) Na tanjuru pomiješajte krekere i začin za taco. Poravnajte piletinu s uređajem za omekšavanje mesa i stavite 1 krišku sira i otprilike 1 žlicu čilija na svaki komad piletine. Zarolajte piletinu i učvrstite čačkalicom.
c) Pospite piletinu smjesom za krekere i stavite je u podmazan pleh veličine 9x13 inča.
d) Pecite bez poklopca 35-40 minuta ili dok piletina nije gotova.
e) Ne zaboravite ukloniti čačkalice prije posluživanja.

29. švicarska piletina

SASTOJCI:
- 4 do 6 pilećih prsa bez kože i kostiju
- 4 do 6 kriški švicarskog sira
- 1 limenka (10,75 unci) kondenzirane krem juhe od gljiva
- ¼ šalice mlijeka
- 1 kutija (6 unci) začinjene mješavine za nadjev
- ¼ šalice maslaca ili margarina, otopljenog

UPUTE:
a) Zagrijte pećnicu na 350 stupnjeva.

b) Položite piletinu na dno podmazane posude veličine 9x13 inča. Stavite kriške sira preko piletine.

c) U posudi pomiješajte juhu i mlijeko. Mješavinu za juhu prelijte preko piletine.

d) Pospite suhu smjesu nadjeva preko sloja juhe i pokapajte maslacem po vrhu.

e) Pokrijte i pecite 55-65 minuta, ili dok piletina nije gotova.

30.Purica i pečenje od krumpira

SASTOJCI:
- 2 šalice kuhane puretine narezane na kocke
- 2 srednja krumpira, oguljena i tanko narezana
- 1 srednji luk, narezan na ploške
- sol i papar, po ukusu
- 1 limenka (10,75 unci) krem juhe od celera, kondenzirane
- ½ šalice obranog mlijeka

UPUTE:
a) Zagrijte pećnicu na 350 stupnjeva.
b) U podmazanu tepsiju veličine 8x8 inča stavite slojeve od puretine, krumpira i luka. Pospite solju i paprom.
c) U zdjeli pomiješajte juhu i mlijeko. Prelijte puricu. Pokrijte i pecite 1 sat.

31. Teriyaki piletina

SASTOJCI:
- 2 pileća prsa bez kostiju i kože, narezana na kockice
- 1 limenka (15 unci) pileće juhe
- 2 žlice smeđeg šećera
- 2 žlice soja umaka
- ½ žličice mljevenog đumbira
- ½ žličice Worcestershire umaka
- 1 šalica nekuhane bijele riže
- 1 konzerva (8 unci) komadića ananasa, ocijeđenih

UPUTE:
a) Zagrijte pećnicu na 350 stupnjeva.
b) Pomiješajte sve sastojke u velikoj zdjeli.
c) Prebacite smjesu u namašćenu tepsiju veličine 9x13 inča.
d) Pokrijte i pecite 1 sat, ili dok riža ne bude gotova.

32.Divlja riža i piletina

SASTOJCI:
- 6,2 unce riže dugog zrna i divlje riže, sa začinima
- 1 ½ šalice vode
- 4 pileća prsa bez kože i kostiju
- ½ žličice sušenog bosiljka
- ½ žličice češnjaka u prahu

UPUTE:
a) Zagrijte pećnicu na 375 stupnjeva.
b) U zdjeli pomiješajte rižu, paketić začina i vodu.
c) Ulijte smjesu u podmazanu tepsiju veličine 9x13 inča.
d) Stavite piletinu preko smjese riže i pospite bosiljkom i češnjakom u prahu.
e) Pokrijte i pecite 1 sat.

33.Tepsija s bosiljkom i piletinom

SASTOJCI:
- 3 žlice maslaca ili margarina, otopljenog
- 3 šalice krumpira, oguljenih i tanko narezanih
- 1 paket (16 unci) smrznutog kukuruza
- 2 žličice soli, podijeljene
- 2 žličice bosiljka, podijeljene
- 1 šalica mrvica graham krekera
- ⅓ šalice maslaca ili margarina, otopljenog
- 4 do 6 pilećih prsa bez kože i kostiju

UPUTE:
a) Zagrijte pećnicu na 375 stupnjeva.
b) Ulijte 3 žlice otopljenog maslaca na dno posude veličine 9x13 inča. Pomiješajte krumpir i kukuruz u tavi, a zatim pospite 1 žličicom soli i 1 žličicom bosiljka.
c) U maloj zdjeli pomiješajte mrvice krekera i preostalu sol i bosiljak. Prebacite smjesu na tanjur. Umočite piletinu u ⅓ šalice otopljenog maslaca, a zatim uvaljajte u smjesu od mrvica, potpuno premazujući. Stavite piletinu preko povrća.
d) Pokrijte i pecite 60-75 minuta ili dok piletina ne bude gotova i povrće ne omekša.
e) Izvadite iz pećnice, otkrijte i pecite još 10 minuta da piletina porumeni.

34. Poslije Dana zahvalnosti Tepsija

SASTOJCI:
- 1 kutija (6 unci) začinjene mješavine za nadjev
- 3 šalice nasjeckane kuhane puretine
- 2 šalice purećeg umaka, podijeljeno
- 2 šalice pire krumpira, začinjenog češnjakom

UPUTE:
a) Zagrijte pećnicu na 350 stupnjeva.
b) Pripremite nadjev prema uputama na pakiranju. Žlicom stavljajte nadjev u podmazanu posudu za pečenje od 2 litre. Položiti puretinu preko nadjeva. Ulijte 1 šalicu umaka preko puretine. Po vrhu ravnomjerno rasporedite pire krumpir. Pokrijte preostalim umakom.
c) Pokrijte i pecite 35-45 minuta, ili dok ne postane mjehurić.

35. Pureća tortilja lonac

SASTOJCI:
- 3 šalice nasjeckane kuhane puretine
- 4 unce limenke nasjeckanog zelenog čilija
- ¾ šalice pileće juhe
- 2 limenke (10,75 unci svaka) pileće krem juhe, kondenzirane
- 1 srednja glavica luka, nasjeckana
- 8 do 10 srednjih gordita tortilja od brašna
- 2 šalice ribanog Monterey Jack sira

UPUTE:
a) Zagrijte pećnicu na 350 stupnjeva.
b) U velikoj zdjeli pomiješajte puretinu, čili, juhu, juhu i luk. Polovicom tortilja prekrijte dno podmazane posude veličine 9x13 inča. Pola smjese za puretinu rasporedite po sloju tortilja. Po vrhu pospite polovinu sira. Ponovite slojeve.
c) Pecite 25-30 minuta, ili dok ne postane mjehurić i ne zagrije se.

36.Turketti

SASTOJCI:
- 1 limenka (10,75 unci) kondenzirane krem juhe od gljiva
- ½ šalice vode
- 2 šalice kuhane puretine narezane na kocke
- 1 ⅓ šalice špageta, izlomljenih, kuhanih i ocijeđenih
- ⅓ šalice nasjeckane zelene paprike
- ½ šalice nasjeckanog luka
- ½ žličice soli
- ¼ žličice crnog papra
- 2 šalice ribanog sira cheddar, podijeljene

UPUTE:
a) Zagrijte pećnicu na 350 stupnjeva.
b) U velikoj zdjeli pomiješajte juhu i vodu. Umiješajte preostale sastojke osim 1 šalice sira. Rasporedite smjesu u podmazanu tepsiju 9x13 inča.
c) Po vrhu pospite preostali sir. Pecite 45 minuta.

37. Nadjev i pureća tepsija

SASTOJCI:
- 2 limenke (10,75 unci svaka) kondenzirane krem juhe od celera
- 1 šalica mlijeka
- ½ žličice crnog papra
- 1 vrećica (16 unci) smrznutog miješanog povrća, odmrznutog i ocijeđenog
- 2 ½ šalice kuhane puretine narezane na kocke
- 1 kutija (6 unci) začinjene mješavine za nadjev
- Zagrijte pećnicu na 400 stupnjeva.

UPUTE:
a) Pomiješajte juhu, mlijeko, papar, povrće i puretinu. Rasporedite smjesu za puretinu u podmazanu tepsiju veličine 9x13 inča.
b) Pripremite nadjev prema uputama na pakiranju. Žlicom ravnomjerno rasporedite nadjev po puretini.
c) Pecite 25 minuta, ili dok se ne zagrije.

38. Turski divan

SASTOJCI:
- 2 šalice kuhane puretine narezane na kockice
- 1 paket (10 unci) smrznutih brokula, kuhanih
- 1 limenka (10,75 unci) pileće krem juhe, kondenzirane
- ½ šalice majoneze
- ½ žličice soka od limuna
- ¼ žličice curry praha
- ½ šalice naribanog oštrog cheddar sira

UPUTE:
a) Zagrijte pećnicu na 350 stupnjeva.
b) Složite puretinu i brokulu u podmazanu tepsiju veličine 9x13 inča.
c) U zdjeli pomiješajte juhu, majonezu, limunov sok i curry prah.
d) Prelijte preko puretine i pospite sirom. Pokrijte i pecite 40 minuta.

JEDNICE SA POVRĆEM

39.Tepsija od šparoga

SASTOJCI:
- 1 šalica ribanog cheddar sira
- 2 šalice mljevenih slanih krekera
- ¼ šalice maslaca ili margarina, otopljenog
- 10,75 unci limenke krem juhe od gljiva, kondenzirane
- 15 unca limenke šparoga, ocijeđene s tekućinom
- ½ šalice narezanih badema

UPUTE:
a) Zagrijte pećnicu na 350 stupnjeva.
b) U zdjeli pomiješajte sir i mrvice krekera. Staviti na stranu.
c) U posebnoj zdjeli pomiješajte maslac, juhu i tekućinu iz konzerve šparoga. Polovicu smjese za krekere rasporedite na dno posude veličine 8x8 inča. Po vrhu rasporedite polovicu šparoga.
d) Polovicu narezanih badema i pola smjese za juhu rasporedite preko šparoga.
e) Preko naslažite preostale šparoge, bademe i smjesu za juhu. Pokrijte preostalom smjesom za krekere.
f) Pecite 20-25 minuta, ili dok ne postane mjehurasto i zlatno smeđe.

40.Puna lonac od povrća

SASTOJCI:
- 2 šalice vode
- 1 šalica nekuhane bijele riže
- 1 vrećica (16 unci) smrznutih cvjetova brokule
- 1 vrećica (16 unci) smrznutih cvjetova cvjetače
- ⅓ šalice vode
- 1 srednja glavica luka, nasjeckana
- ⅓ šalice maslaca ili margarina
- 1 staklenka (16 unci) Cheez Whiz
- 1 limenka (10,75 unci) pileće krem juhe, kondenzirane
- ⅔ šalice mlijeka

UPUTE:
a) U loncu zakuhajte 2 šalice vode i rižu. Smanjite toplinu. Poklopite i kuhajte 15 minuta, ili dok voda ne upije.
b) U zdjeli zagrijte brokulu i cvjetaču s ⅓ šalice vode u mikrovalnoj pećnici na visokoj temperaturi 8 minuta ili dok ne budu gotovi. Ocijedite povrće.
c) Zagrijte pećnicu na 350 stupnjeva.
d) U tavi na maslacu propirjajte luk. Kuhanu rižu umiješajte u luk. Raširite smjesu riže u podmazanu tepsiju veličine 9x13 inča.
e) U smjesu riže umiješajte povrće, umak od sira, juhu i mlijeko.
f) Pecite 30-35 minuta, ili dok ne postane mjehurić.

41. Tepsija od krumpira s mozzarellom

SASTOJCI:
- 4 srednja krumpira, oguljena
- 4 romske rajčice, narezane na ploške
- 1 velika zelena paprika, očišćena od sjemenki i narezana na trakice
- sol i papar, po ukusu
- 1 žličica talijanskog začina
- 2 šalice ribanog mozzarella sira
- 1 šalica kiselog vrhnja

UPUTE:
a) Zagrijte pećnicu na 400 stupnjeva.
b) U temeljcu kuhajte krumpir 25-30 minuta dok se djelomično ne skuha, a zatim ga narežite na tanke ploške. Složite pola svake od kriški krumpira, kriški rajčice i trakica paprike u podmazanu tepsiju veličine 9x9 inča.
c) Posolite i popaprite. Preko povrća pospite pola talijanskog začina i sir mozzarella. Ponovite slojeve s preostalim krumpirom, rajčicama i paprikom.
d) Preko povrća pospite ostatak začina i sira, a zatim po vrhu premažite kiselim vrhnjem.
e) Pokrijte i pecite 30-40 minuta, ili dok ne postane mjehurić.

42.Kremasta tepsija od špinata

SASTOJCI:
- 2 paketa (10 unci svaki) smrznutog nasjeckanog špinata
- 1 omotnica mješavina za juhu od luka
- 1 spremnik (16 unci) kiselog vrhnja
- ¾ šalice ribanog cheddar sira

UPUTE:
a) Zagrijte pećnicu na 350 stupnjeva.
b) Špinat skuhajte prema uputama na pakiranju i ocijedite. Stavite u podmazanu posudu za pečenje od 1 ½ do 2 litre.
c) Umiješajte mješavinu juhe od luka i kiselo vrhnje.
d) Pospite sirom po vrhu. Pecite 20-25 minuta, ili dok ne postanu mjehurići.

43. Meksička pizza tepsija

SASTOJCI:
- 1 tuba (13,8 unci) ohlađenog tijesta za pizzu
- 1 konzerva (16 unci) prženog graha
- ¾ šalice debele salse
- 1 omotnica začina za taco
- 1 ½ šalice ribanog meksičkog sira
- 1 vrećica (10 unci) narezane zelene salate
- 2 romske rajčice, narezane na kockice
- 1 ½ šalice tortilja čipsa od zdrobljenog nacho sira

UPUTE:
a) Zagrijte pećnicu na 400 stupnjeva.
b) Tijestom za pizzu pokrijte dno i djelomično gore stranice namašćene posude veličine 9x13 inča. Pecite 10-12 minuta, ili dok ne porumeni.
c) U loncu zajedno zagrijte preprženi grah i salsu dok ne postanu mjehurići. Umiješajte začin za taco u smjesu prženog graha. Preko zapečene kore rasporedite smjesu od prženog graha.
d) Pospite sir preko graha i pecite 5-8 minuta, ili dok se sir ne otopi.
e) Preko naslažite zelenu salatu, rajčice i zdrobljeni tortilja čips i odmah poslužite.

44.Tepsija od slatkog luka

SASTOJCI:
- 6 velikih glavica slatkog luka, tanko narezanih
- 6 žlica maslaca ili margarina, podijeliti
- limenka (10,75 unci) krem juha od celera, kondenzirana
- ⅓ šalice mlijeka
- ½ žličice crnog papra
- 2 šalice ribanog švicarskog sira, podijeljene
- 6 kriški francuskog kruha, izrezanih na 1 inč debljine

UPUTE:
a) U velikoj tavi pirjajte luk na 4 žlice maslaca 11-13 minuta ili dok luk ne omekša.
b) U velikoj zdjeli pomiješajte juhu, mlijeko, papar i 1 ½ šalicu sira.
c) Zagrijte pećnicu na 350 stupnjeva. U smjesu za juhu umiješajte luk. Rasporedite smjesu u namašćenu tepsiju veličine 9x13 inča. Po vrhu pospite preostali sir.
d) Rastopite preostali maslac i premažite njime jednu stranu svake kriške kruha. Stavite kriške kruha, s maslacem prema gore, u tavu, tako da napravite tri reda.
e) Pecite 24–28 minuta. Ohladite 5-7 minuta prije posluživanja.

45. Vege pastirska pita

SASTOJCI:
- 1 vrećica (16 unci) smrznutog kalifornijskog povrća
- 1 konzerva (10,75 unci) juhe od sira cheddar, kondenzirana
- ½ žličice majčine dušice
- 2 šalice pire krumpira, začinjenog češnjakom

UPUTE:
a) Zagrijte pećnicu na 350 stupnjeva.
b) U podmazanoj posudi veličine 9x9 inča pomiješajte smrznuto povrće, juhu i majčinu dušicu. Ravnomjerno rasporedite krumpir preko sloja povrća. Pokrijte i pecite 25 minuta.
c) Otklopite i pecite još 15-20 minuta ili dok se ne zagrije.

46. Tepsija s nadjevom od povrća

SASTOJCI:
- 1 vrećica (16 unci) smrznutog zelenog graha
- 1 vrećica (16 unci) smrznutog miješanog povrća
- 2 limenke (10,75 unci) kondenzirane krem juhe od gljiva
- 1 limenka (6 unci) prženog luka
- 1 kutija (6 unci) začinjene mješavine za nadjev
- 3 žlice maslaca ili margarina, otopljenog
- ¼ šalice vode

UPUTE:
a) Zagrijte pećnicu na 350 stupnjeva.
b) Ulijte smrznuto povrće na dno podmazane posude veličine 9x13 inča.
c) Umiješajte juhu u povrće.
d) Po vrhu ravnomjerno pospite luk i smjesu za nadjev.
e) Preko sloja nadjeva prelijte otopljeni maslac i vodu.
f) Pokrijte i pecite 55-65 minuta, ili dok se ne zagrije.

47.Zapečene tikvice sa sirom

SASTOJCI:
- 1 srednja tikvica, tanko narezana
- 1 glavica slatkog luka narezana na tanke ploške
- 2 Roma paradajza, tanko narezana
- 2 žlice maslaca ili margarina, otopljenog
- ¾ šalice krušnih mrvica s talijanskim okusom
- 1 šalica ribanog mozzarella sira

UPUTE:
a) Zagrijte pećnicu na 350 stupnjeva.
b) U podmazanu tepsiju veličine 9x9 inča poslažite tikvice, luk i rajčice.
c) Povrće pokapajte maslacem. Po vrhu posuti krušnim mrvicama.
d) Pokrijte i pecite 45-50 minuta, ili dok povrće ne omekša. Izvadite iz pećnice, otkrijte i pospite sirom po vrhu.
e) Pecite još 5-7 minuta ili dok sir ne postane mjehurić.

JEDNICE OD MAHUNKA I GRAHA

48. Složena tortilla pita od crnog graha

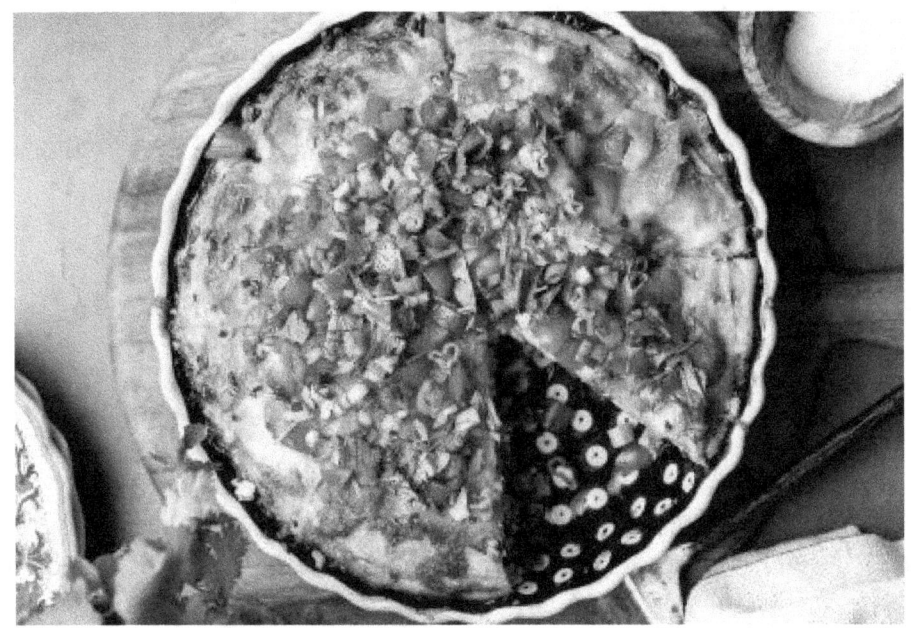

SASTOJCI:
- 1 konzerva (16 unci) prženog graha
- 1 šalica salse, podijeljena
- 1 žličica mljevenog češnjaka
- 1 žlica sušenog cilantra
- 1 limenka (15 unci) crnog graha, ispranog i ocijeđenog
- 1 srednja rajčica, nasjeckana
- 7 srednjih tortilja od brašna
- 2 šalice ribanog cheddar sira

UPUTE:
a) Zagrijte pećnicu na 400 stupnjeva.
b) U zdjeli pomiješajte prženi grah, ¾ šalice salse i češnjak.
c) U zasebnoj zdjeli pomiješajte preostalu salsu, cilantro, crni grah i rajčicu.
d) Stavite tortilju na dno namašćenog kalupa za pitu. Rasporedite četvrtinu smjese prženog graha preko tortilje unutar ½ inča od ruba.
e) Pospite ¼ šalice sira preko graha i prekrijte drugom tortiljom. Žlicom nanesite trećinu mješavine crnog graha na tortilju.
f) Pospite ¼ šalice sira preko mješavine crnog graha i prekrijte drugom tortiljom.
g) Ponovite slojeve, završavajući završnim slojem smjese prženih graha raspoređenih preko zadnje tortilje. Pospite s ½ šalice sira. Pokrijte i pecite 35-40 minuta.
h) Pojedinačne komade pite poslužite sa šalšom i kiselim vrhnjem.

49.Tepsija od zelenog graha

SASTOJCI:
- 2 limenke (svaka po 14,5 unci) narezanog zelenog graha, ocijeđenog
- 1 limenka (10,75 unci) kondenzirane krem juhe od gljiva
- ⅔ šalice mlijeka
- ⅓ šalice pravih komadića slanine
- ¼ žličice crnog papra
- 1 ¼ šalice prženog luka, podijeljeno

UPUTE:
a) Zagrijte pećnicu na 350 stupnjeva.
b) Pomiješajte sve sastojke osim luka u podmazanoj posudi za pečenje od 1 ½ do 2 litre. Umiješajte ½ šalice luka. Pecite nepokriveno 30 minuta ili dok ne postane mjehurić.
c) Po vrhu pospite preostali luk i pecite još 5 minuta.

50.Indiana Ljubitelji kukuruzaCasserole

SASTOJCI:
- 2 jaja, malo tučena
- 1 limenka (14,75 unci) kremastog kukuruza
- 12 unci konzerve kukuruza s cijelim zrnom, ocijeđen
- ¾ šalice kiselog vrhnja
- 3 žlice maslaca ili margarina, otopljenog
- 1 ½ šalice ribanog cheddar sira
- 1 srednja glavica luka, nasjeckana
- Limenka od 4 unce nasjeckanog zelenog čilija, ocijeđenog
- 1 paket (6,5 unci) mješavine za kukuruzne muffine

UPUTE:
a) Zagrijte pećnicu na 350 stupnjeva.
b) U velikoj zdjeli pomiješajte jaja, kukuruz, kiselo vrhnje, maslac, sir, luk i čili. Nježno umiješajte smjesu za kukuruzne muffine dok se ne navlaži. Rasporedite smjesu u podmazanu posudu za pečenje od 2 litre.
c) Pecite 60-70 minuta ili dok vrh i sredina ne porumene.

51. Hominy Casserole

SASTOJCI:
- 1 srednja glavica luka, nasjeckana
- 1 velika zelena paprika, očišćena od sjemenki i narezana na kockice
- ½ šalice maslaca ili margarina
- Limenka od 15,5 unci bijelog hominija, ocijeđena
- 15,5 unce limenke žute hominije, ocijeđene
- 12 unci konzerve kukuruza s cijelim zrnom, ocijeđen
- 4 unce konzerve narezanih gljiva, ocijeđenih
- ¼ šalice ribanog parmezana
- 1 šalica Cheez Whiz
- ¼ šalice pimienta narezanog na kockice, ocijeđenog

UPUTE:
a) Zagrijte pećnicu na 350 stupnjeva.
b) U tavi pirjajte luk i papriku na maslacu dok ne omekšaju. Preostale sastojke umiješajte u smjesu luka. Raširite u podmazan pleh veličine 8x8 inča.
c) Pecite 30-35 minuta, ili dok ne postane mjehurić.

JEDNICE OD RIŽE I REZANCA

52. Tepsija s pudingom od rezanaca

SASTOJCI:
- 16 šalica vode
- 7 ½ šalica suhih širokih rezanaca od jaja
- 8 unci krem sira, omekšalog
- 6 žlica neslan maslac, omekšao
- 1 šalica granuliranog šećera
- 3 jaja
- 1 šalica punomasnog mlijeka
- 1 šalica nektara marelice
- 1 šalica cornflake mrvica
- 6 žlica otopljeni neslani maslac
- ½ žličice mljevenog cimeta

UPUTE:
a) U veliku tavu za umak na srednje jakoj vatri dodajte vodu. Kad voda proključa, umiješajte rezance od jaja. Kuhajte 6 minuta ili dok rezanci ne omekšaju. Maknite posudu s vatre i ocijedite svu vodu iz posude.
b) U veliku zdjelu dodajte krem sir, omekšali maslac i ½ šalice granuliranog šećera. Mikserom na srednjoj brzini tucite dok ne postane glatko i kremasto. Dodajte jaja u zdjelu. Miješajte dok se ne sjedini.
c) Dodajte mlijeko i nektar marelice. Miješajte samo dok se ne sjedini. Dodati rezancima i miješati dok se rezanci ne prekriju kremom.
d) Zagrijte pećnicu na 350°. Pošpricajte posudu za pečenje 9 x 13 neljepljivim sprejom za kuhanje. U malu zdjelu dodajte mrvice cornflakea, ½ šalice granuliranog šećera, otopljeni maslac i cimet. Miješajte dok se ne sjedini. U tepsiju rasporediti rezance.
e) Po vrhu pospite kukuruzne pahuljice.
f) Pecite 25 minuta ili dok se lonac ne postavi u sredinu, vruć i mjehurić. Izvadite iz pećnice i poslužite.

53.Tepsija od bakalara

SASTOJCI:
- 14 šalica vode
- 1 žličica začina limun papar
- 1 list lovora
- 2 funte fileta bakalara, izrezanog na komade od 1".
- 1 šalica suhe male tjestenine s ljuskama
- 1 crvena paprika, nasjeckana
- 1 zelena paprika, nasjeckana
- 1 šalica nasjeckanog luka
- 1 žlica Neslani maslac
- 3 žlice višenamjensko brašno
- 2 ½ šalice evaporiranog mlijeka
- ¾ žličice soli
- ½ žličice suhe majčine dušice
- ¼ žličice crnog papra
- 1 šalica nasjeckane mješavine meksičkog sira

UPUTE:
a) U veliku tavu na srednje jakoj vatri dodajte 6 šalica vode, začin od limunske paprike i lovorov list. Prokuhajte i dodajte bakalar. Stavite poklopac na tavu. Pirjajte 5-6 minuta ili dok se riba ne ljušti i ne omekša. Maknite s vatre i ocijedite svu vodu iz tave. Uklonite lovorov list i bacite ga.
b) U tavu za umak na srednjoj vatri dodajte 8 šalica vode. Kad voda proključa, umiješajte tjesteninu od ljuski. Kuhajte 6 minuta ili dok tjestenina ne omekša. Maknite s vatre i ocijedite svu vodu iz tjestenine.

c) U tavu na srednje jakoj vatri dodajte crvenu papriku, zelenu papriku,
d) luk i maslac. Pirjajte 5 minuta ili dok povrće ne omekša. Dodajte višenamjensko brašno u tavu. Stalno miješajte i kuhajte 1 minutu. Uz stalno miješanje polako dodavati evaporirano mlijeko. Nastavite miješati i kuhajte 2 minute ili dok se umak ne zgusne.
e) Dodajte sol, timijan, crni papar i mješavinu meksičkog sira u tavu. Miješajte dok se ne sjedini i dok se sir ne otopi. Maknite posudu s vatre.
f) U umak dodajte tjesteninu i ribu. Lagano miješajte dok se ne sjedini. Zagrijte pećnicu na 350°. Pošpricajte posudu za pečenje od 2 litre neljepljivim sprejom za kuhanje. Žlicom stavljajte lonac u posudu za pečenje. Pokrijte posudu poklopcem ili aluminijskom folijom.
g) Pecite 25 minuta ili dok složenac ne postane vruć i mjehurić. Izvadite iz pećnice i poslužite.

54.Pureća tepsija s rezancima

SASTOJCI:
- 1 vrećica (12 unci) rezanaca s jajima
- 1 limenka (10,75 unci) krem juhe od celera, kondenzirane
- ½ šalice mlijeka
- 1 konzerva (5 unci) puretine, ocijeđene
- 2 šalice ribanog cheddar sira
- ½ šalice zdrobljenog čipsa

UPUTE:
a) Zagrijte pećnicu na 400 stupnjeva.
b) Skuhajte rezance prema uputama na pakiranju i ocijedite. U vruće rezance umiješajte juhu, mlijeko, puretinu i sir.
c) Raširite smjesu za rezance u podmazanu posudu za pečenje od 2 litre.
d) Pecite 15 minuta. Povrh stavite zdrobljeni čips od krumpira i pecite još 3-5 minuta.

55. Tepsija od plodova mora

SASTOJCI:

- ¼ šalice maslinovog ulja
- 1 funta svježih šparoga, obrezanih i narezanih na komade od 1 inča
- 1 šalica nasjeckanog mladog luka
- 1 žlica mljeveni češnjak
- 16 unci pakiranje. linguine rezanci, kuhani i ocijeđeni
- 1 funta srednjih škampa, kuhanih, oguljenih i očišćenih
- 8 unci mesa rakova, kuhanog
- 8 unci imitacije ili svježeg jastoga, kuhanog
- 8 unci limenke crnih maslina, ocijeđenih

UPUTE:

a) Zagrijte pećnicu na 350°. Pošpricajte vatrostalnu posudu od 4 litre neljepljivim sprejom za kuhanje. U tavu na srednjoj vatri dodajte maslinovo ulje.

b) Kad se ulje zagrije, dodajte šparoge, mladi luk i češnjak. Pirjajte 5 minuta.

c) Maknite tavu s vatre i dodajte povrće i maslinovo ulje u vatrostalnu posudu.

d) Dodajte linguine rezance, rakove, jastoga i crne masline u vatrostalnu posudu.

e) Miješajte dok se ne sjedini. Pecite 30 minuta ili dok se lonac ne zagrije.

f) Izvadite iz pećnice i poslužite.

56.Tepsija od riže i zelenog čilea

SASTOJCI:
- 1 kutija (6 unci) instant mješavine dugog zrna i divlje riže
- 1 šalica kiselog vrhnja
- Limenka od 4 unce nasjeckanog zelenog čilija, ocijeđenog
- 1 šalica ribanog cheddar sira
- 1 šalica ribanog Monterey Jack sira

UPUTE:
a) Pripremite rižu prema uputama na pakiranju.
b) Zagrijte pećnicu na 350 stupnjeva.
c) U zdjeli pomiješajte kiselo vrhnje i zeleni čili. Polovicu kuhane riže rasporedite po dnu podmazane posude veličine 8x8 inča. Polovicu smjese kiselog vrhnja žlicom rasporedite po riži. Po vrhu pospite polovinu svakog sira.
d) Žlicom prelijte preostalu rižu preko sira. Preostalu smjesu kiselog vrhnja premažite preko riže, a zatim po vrhu pospite preostali sir.
e) Pecite nepokriveno 15-20 minuta ili dok ne postane mjehurić.

57.Tepsija od ribe i sira

SASTOJCI:
- 16 unci kovrčave tjestenine, kuhane i ocijeđene
- 1 staklenka (16 unci) Ragu dvostrukog cheddar umaka
- 5 smrznutih tučenih fileta ribe

UPUTE:
a) Zagrijte pećnicu na 375 stupnjeva.
b) Skuhajte tjesteninu prema uputama na pakiranju i ocijedite. Stavite tjesteninu u podmazan pleh veličine 9x13 inča. Umiješajte cheddar umak u rezance. Stavite ribu na vrh.
c) Pecite nepokriveno 30 minuta.

58.Rotini Pecite

SASTOJCI:
- 12 unci nekuhane kovrčave tjestenine ili male tube
- 1 funta mljevene govedine
- 1 staklenka (26 unci) umaka za špagete
- 2 jaja, malo tučena
- 1 kutija (16 unci) svježeg sira
- 2 šalice ribanog mozzarella sira, podijeljeno
- ½ šalice ribanog parmezana

UPUTE:

a) Zagrijte pećnicu na 350 stupnjeva.

b) Skuhajte rezance prema uputama na pakiranju i ocijedite.

c) U tavi zapržite i ocijedite govedinu dok se rezanci kuhaju. U govedinu umiješajte umak za špagete.

d) U velikoj zdjeli pomiješajte jaja, svježi sir, 1 šalicu mozzarelle sira i parmezan. Kuhanu tjesteninu lagano umiješajte u smjesu sira. Rasporedite trećinu goveđe smjese po dnu podmazane posude veličine 9x13 inča. Stavite pola smjese tjestenine preko govedine.

e) Složite drugu trećinu goveđe smjese preko rezanaca. Složite preostale rezance preko vrha, a zatim preostalu smjesu govedine.

f) Pokrijte i pecite 40 minuta. Otkrijte i po vrhu pospite preostali sir mozzarella. Vratite u pećnicu i pecite još 5-10 minuta, ili dok se sir ne otopi.

59. Lonac s rezancima s cheddar šunkom

SASTOJCI:
- 1 vrećica (12 unci) rezanaca s jajima
- ¼ šalice zelene paprike narezane na kockice
- ½ srednje glavice luka
- 1 žlica maslinovog ulja
- 1 limenka (10,75 unci) kondenzirane krem juhe od gljiva
- ⅔ šalice mlijeka
- 1 ½ šalice potpuno kuhane šunke narezane na kockice
- 2 šalice ribanog cheddar sira

UPUTE:
a) Zagrijte pećnicu na 400 stupnjeva.
b) Skuhajte rezance prema uputama na pakiranju i ocijedite.
c) U tavi pirjajte papriku i luk na maslinovom ulju dok luk ne postane proziran. U tople rezance umiješajte juhu, mlijeko, šunku, povrće i sir.
d) Raširite smjesu za rezance u podmazanu posudu za pečenje od 2 litre.
e) Pecite 15 minuta, ili dok se ne zagrije.

60.Talijanski kolač od makarona

SASTOJCI:
- 8 unci nekuhanih laktastih makarona
- 1 funta mljevene govedine, zapečene i ocijeđene
- sol i papar, po ukusu
- 1 staklenka (14 unci) umaka za pizzu
- 4 unce mogu narezati gljive
- 2 šalice ribanog mozzarella sira

UPUTE:
a) Zagrijte pećnicu na 350 stupnjeva.
b) Makarone skuhajte prema uputama na pakiranju i ocijedite.
c) Kuhanu govedinu posolite i popaprite. Polovicu makarona stavite na dno podmazane posude za pečenje od 2 litre.
d) Složite po pola govedine, umak za pizzu, gljive i sir. Stavite preostale makarone preko vrha i ponovite slojeve.
e) Pokrijte i pecite 20 minuta.
f) Otklopite i pecite još 5-10 minuta, ili dok se sir ne otopi.

61.Pečeni ravioli Alfredo

SASTOJCI:
- 1 vrećica (25 unci) smrznutih talijanskih raviola s kobasicama
- 1 vrećica (16 unci) smrznutih cvjetova brokule
- 1 staklenka (16 unci) Alfredo umaka
- ¾ šalice mlijeka
- ¼ šalice začinjenih krušnih mrvica

UPUTE:
a) Zagrijte pećnicu na 350 stupnjeva.
b) Stavite smrznute raviole na dno podmazane posude veličine 9x13 inča. Preko raviola rasporedite brokulu. Preko brokule prelijte Alfredo umak. Povrh ravnomjerno prelijte mlijekom.
c) Pokrijte i pecite 50 minuta. Otklopite i po vrhu pospite krušnim mrvicama.
d) Pecite nepokriveno još 10 minuta ili dok se ne zagrije.

SVINJSKE LOPE

62. Tepsija sa špageti od kobasica

SASTOJCI:
- 1 funta kobasice
- 1 srednja glavica luka, nasjeckana
- 1 staklenka (26 unci) umaka za špagete
- ½ šalice vode
- 1 paket (16 unci) rezanaca špageta, kuhanih i ocijeđenih
- ¼ šalice maslaca ili margarina, otopljenog
- 3 jaja, istučena
- ½ šalice ribanog parmezana
- 2 šalice ribanog mozzarella sira, podijeljeno
- 1 spremnik (16 unci) svježeg sira

UPUTE:
a) Zagrijte pećnicu na 350 stupnjeva.
b) U tavi zajedno zapržite kobasicu i luk i ocijedite višak masnoće. U smjesu za kobasice umiješajte umak za špagete i vodu. Ostavite umak da se kuha na laganoj vatri 5 minuta.
c) U zdjeli pomiješajte kuhane špagete, maslac, jaja, parmezan i pola mozzarella sira. Raširite smjesu za rezance u podmazanu tepsiju veličine 9x13 inča.
d) Svježi sir ravnomjerno rasporedite po rezancima.
e) Po vrhu ravnomjerno rasporedite smjesu umaka za špagete. Preostalim sirom pospite umak.
f) Pokrijte i pecite 25 minuta.
g) Otklopite i pecite još 10-15 minuta.

63.Pečenje kanadske pizze sa slaninom

SASTOJCI:
- 2 tube (7,5 unci svaka) ohlađenih keksa s mlaćenicom
- 1 staklenka (14 unci) umaka za pizzu
- 1 šalica ribanog talijanskog sira
- 15 do 20 kriški kanadske slanine
- 1 ½ šalice ribanog mozzarella sira, podijeljeno

UPUTE:
a) Zagrijte pećnicu na 375 stupnjeva.
b) Odvojite kekse i svaki prerežite na 4 dijela. Stavite u veliku zdjelu i prelijte umakom za pizzu i talijanskom mješavinom sira. Stavite smjesu za biskvit u namašćenu tepsiju veličine 9x13 inča.
c) Na vrh ravnomjerno stavite kriške kanadske slanine.
d) Po vrhu pospite sir mozzarella.
e) Pecite 20-25 minuta, ili dok keksi nisu gotovi.

64.Lonac od brokule i šunke

SASTOJCI:
- 1 paket (10 unci) smrznute nasjeckane brokule, odmrznute
- 1 limenka (15 unci) kukuruza s cijelim zrnom, ocijeđenog
- 1 limenka (10,75 unci) kondenzirane krem juhe od gljiva
- 2 šalice nasjeckane potpuno kuhane šunke
- 1 ½ šalice ribanog cheddar sira
- ¾ šalice kiselog vrhnja
- ½ žličice crnog papra
- 1 ohlađena kora za pitu

UPUTE:
a) Zagrijte pećnicu na 425 stupnjeva.
b) Raširite brokulu na dno lagano podmazane i mikrovalne posude za pite od 10 inča ili okrugle posude od 1 ½ litre.
c) U zdjeli pomiješajte kukuruz, juhu, šunku, sir, pavlaku i papar. Prelijte smjesu preko brokule. Pokrijte papirnatim ručnikom i pecite u mikrovalnoj pećnici na visokoj temperaturi 3-4 ½ minute ili dok se ne zagrije.
d) Stavite rasklopljenu koru za pitu preko smjese šunke i uvucite rubove u posudu. Izrežite četiri proreza od 1 inča u kori kako biste omogućili izlazak pare tijekom pečenja. Stavite posudu na lim za pečenje.
e) Pecite 15 minuta, ili dok korica ne porumeni.

65.Tepsija za pizzu u čikaškom stilu

SASTOJCI:
- 2 tube (13,8 unci svaka) ohlađenog tijesta za pizzu
- 2 šalice tradicionalnog umaka za špagete, podijeljene
- 1 funta kobasice, zapečene i ocijeđene
- ½ srednjeg luka, nasjeckanog
- 2 šalice ribanog mozzarella sira, podijeljeno

UPUTE:
a) Zagrijte pećnicu na 375 stupnjeva.
b) Raširite 1 koru preko dna i gore po stranicama lagano podmazane posude veličine 9x13 inča. Raširite 1-½ šalice umaka preko kore. Preko umaka rasporedite kuhanu kobasicu i luk. Pospite 1-½ šalice sira preko sloja kobasica.
c) Stavite preostalu koru pizze na vrh i stisnite tijesto s donje i gornje kore. Izrežite proreze od 1 inča u gornjoj kori. Preko vrha pažljivo rasporedite preostali umak i sir.
d) Pecite 30 minuta, ili dok kora ne porumeni i gotova u sredini.

66. Seoska brokula, sir i šunka

SASTOJCI:
- 1 paket (10 unci) smrznute brokule
- 1 šalica potpuno kuhane šunke narezane na kockice
- 1 konzerva (10,75 unci) juhe od sira cheddar, kondenzirana
- ½ šalice kiselog vrhnja
- 2 šalice krušnih mrvica
- 1 žlica maslaca ili margarina, otopljenog

UPUTE:
a) Zagrijte pećnicu na 350 stupnjeva.
b) Skuhajte brokulu prema uputama na pakiranju. U velikoj zdjeli pomiješajte sve sastojke osim krušnih mrvica i maslaca. Prebacite smjesu u podmazanu tepsiju 9x13 inča. Pomiješajte prezle i maslac, pa pospite preko smjese. Pecite 30–35 minuta.

67. kotleti sa švicarskim sirom

SASTOJCI:
- 6 svinjskih kotleta
- 1 žlica maslaca ili margarina
- 12 svježih listova lovora
- 6 kriški šunke
- 2 žlice nasjeckane svježe kadulje
- 1 šalica ribanog švicarskog sira

UPUTE:
a) Zagrijte pećnicu na 375 stupnjeva.
b) U tavi zapržite svinjske odreske na maslacu 2-3 minute sa svake strane. Stavite na tanjur obložen papirnatim ručnicima da se ocijede.
c) U podmazanu tepsiju veličine 9x13 inča poslažite svinjske kotlete, lovorov list, šunku, kadulju i sir.
d) Pokrijte i pecite 25 minuta.

68. Smjesa Smeđa Nebo

SASTOJCI:
- 4 šalice smrznutog nasjeckanog smeđeg mesa, odmrznutog
- 1 funta slanine, kuhane i izmrvljene
- ⅔ šalice mlijeka
- ½ šalice nasjeckanog luka
- ½ žličice soli
- ¼ žličice crnog papra
- ⅛ žličice češnjaka u prahu (po izboru)
- 2 žlice maslaca ili margarina, otopljenog

UPUTE:
a) Zagrijte pećnicu na 350 stupnjeva.
b) Pomiješajte sve sastojke u velikoj zdjeli.
c) Prebacite u podmazanu tepsiju 8x8 inča.
d) Pecite 45 minuta.

69. Jambalaya

SASTOJCI:
- ½ šalice maslaca ili margarina
- 1 veliki luk, nasjeckan
- 1 velika zelena paprika, nasjeckana
- ½ šalice celera narezanog na kockice
- 1 žlica mljevenog češnjaka
- 1 funta potpuno kuhanih karika dimljene kobasice, narezane na kriške
- 3 šalice pileće juhe
- 2 šalice nekuhane bijele riže
- 1 šalica nasjeckanih rajčica
- ½ šalice nasjeckanog zelenog luka
- 1-½ žlice peršina
- 1 žlica Worcestershire umaka
- 1 žlica Tabasco umaka

UPUTE:
a) Zagrijte pećnicu na 375 stupnjeva.

b) U tavi rastopite maslac. Pirjajte luk, papriku, celer i češnjak na maslacu dok ne omekšaju.

c) U velikoj zdjeli pomiješajte kobasicu, juhu, rižu, rajčice, zeleni luk, peršin, Worcestershire umak i Tabasco umak. Pirjano povrće umiješajte u smjesu za kobasice.

d) Raširite u podmazanu tepsiju 9x13 inča.

e) Pokrijte i pecite 20 minuta. Promiješajte, poklopite i pecite još 20 minuta.

f) Promiješajte, pokrijte i pecite zadnjih 5-10 minuta ili dok riža ne bude gotova.

70. Narančasta riža i svinjski kotleti

SASTOJCI:
- 6 svinjskih kotleta
- sol i papar, po ukusu
- 1 ⅓ šalice nekuhane bijele riže
- 1 šalica soka od naranče
- 1 konzerva (10,75 unci) juha od piletine i riže, kondenzirana

UPUTE:
a) Zagrijte pećnicu na 350 stupnjeva.
b) U tavi pržite svinjske kotlete 2 minute sa svake strane i začinite solju i paprom. Staviti na stranu.
c) U podmazanoj posudi veličine 9x13 inča pomiješajte rižu i sok od naranče.
d) Preko riže stavite svinjske kotlete. Odozgo prelijte juhom. Pokrijte i pecite 45 minuta.
e) Otklopite i kuhajte još 10 minuta, ili dok ne bude gotovo.

71.Tepsija s kobasicama i feferonima

SASTOJCI:
- 1 funta kobasice
- 1 srednja glavica luka, nasjeckana
- 1 paket (3,5 unce) narezanih feferona
- 1 staklenka (14 unci) umaka za pizzu
- 1 ¼ šalice ribanog mozzarella sira
- 1 šalica smjese za biskvit
- 1 šalica mlijeka
- 2 jaja, lagano tučena

UPUTE:
a) Zagrijte pećnicu na 400 stupnjeva.
b) U tavi zapržite kobasicu i luk dok kobasica ne bude gotova. Ocijedite višak masnoće pa umiješajte feferone. Rasporedite mesnu smjesu u podmazan pleh veličine 8x8 inča. Umak ravnomjerno prelijte preko mesa. Preko umaka pospite sir.
c) U posebnoj zdjeli pomiješajte smjesu za biskvit, mlijeko i jaja. Tijesto ravnomjerno prelijte preko mješavine mesa i umaka.
d) Pecite nepokriveno 25 minuta ili dok ne porumeni.

GOVEĐE TESPICE

72. Goveđi lonac

SASTOJCI:
- 1 funta nemasnog goveđeg gulaša, kuhanog mesa
- 1 paket (16 unci) smrznutog miješanog povrća, odmrznutog
- 1 staklenka (12 unci) umaka od gljiva
- ½ žličice majčine dušice
- 1 tuba (8 unci) rashlađenih polumjesecih peciva

UPUTE:
a) Zagrijte pećnicu na 375 stupnjeva.
b) Pomiješajte sve sastojke osim rolata u podmazanu tepsiju 9x13 inča.
c) Pecite 20 minuta.
d) Izvadite iz pećnice i na vrh stavite spljošteno tijesto.
e) Vratite u pećnicu i pecite 17-19 minuta, ili dok korica ne porumeni.

73.Kukuruzni kruh na čiliju

SASTOJCI:
- 1 srednja glavica luka, nasjeckana
- 1 žlica maslaca ili margarina
- 2 konzerve (15 unci svaka) čilija s mesom i grahom
- 1 limenka (11 unci) kukuruza u meksičkom stilu, ocijeđenog
- 1 šalica ribanog cheddar sira
- 1 paket mješavine za kukuruzni kruh (veličine posude 8x8 inča)

UPUTE:
a) Zagrijte pećnicu na 425 stupnjeva.
b) U tavi pirjajte luk na maslacu dok luk ne omekša. Umiješajte čili i kukuruz. Raširite smjesu čilija u podmazanu tepsiju veličine 9x13 inča. Pospite sirom po vrhu.
c) U zdjeli pomiješajte smjesu za kukuruzni kruh prema uputama na pakiranju. Ravnomjerno prelijte tijesto preko smjese čilija.
d) Pecite 25 minuta, ili dok kukuruzni kruh ne porumeni i postavi se u sredinu.

74. Enchilada lonac

SASTOJCI:
- 1 funta mljevene govedine, zapečene i ocijeđene
- 1 limenka (15 unci) čilija, bilo koje vrste
- 1 limenka (8 unci) umaka od rajčice
- 1 limenka (10 unci) enchilada umaka
- 1 vrećica (10 unci) Fritos kukuruznog čipsa, podijeljena
- 1 šalica kiselog vrhnja
- 1 šalica ribanog cheddar sira

UPUTE:
a) Zagrijte pećnicu na 350 stupnjeva.
b) U velikoj zdjeli pomiješajte kuhanu govedinu, čili, umak od rajčice i enchilada umak. Umiješajte dvije trećine čipsa. Rasporedite smjesu u podmazanu posudu za pečenje od 2 litre.
c) Pecite nepokriveno 24-28 minuta ili dok se ne zagrije.
d) Odozgo premažite kiselim vrhnjem. Preko pavlake posuti sir. Zdrobite preostali čips i pospite po vrhu.
e) Pecite još 5-8 minuta, ili dok se sir ne otopi.

75. Enchilade od krem sira

SASTOJCI:
- 1 funta mljevene govedine, zapečene i ocijeđene
- ½ šalice nasjeckanog luka
- 2 limenke (svaka po 8 unci) umaka od rajčice
- ¼ šalice vode
- 1 ½ žličice čilija u prahu
- ½ žličice crnog papra
- 1 paket (8 unci) krem sira, omekšali
- 12 srednjih tortilja od brašna
- 2 šalice ribanog cheddar sira
- narezana zelena salata
- kiselo vrhnje

UPUTE:

a) Zagrijte pećnicu na 375 stupnjeva.

b) U velikoj zdjeli pomiješajte kuhanu govedinu, luk, umak od rajčice, vodu i začine. Premažite krem sir preko tortilja, zarolajte i stavite u namašćenu tepsiju veličine 9x13 inča. Prelijte goveđu smjesu preko tortilja.

c) Pospite cheddar sirom. Pokrijte i pecite 25 minuta.

d) Poslužite preko narezane zelene salate i prelijte malo kiselog vrhnja.

76. Chilighetti

SASTOJCI:
- 1 funta mljevene govedine, zapečene i ocijeđene
- 1 paket (8 unci) špageta, kuhanih i ocijeđenih
- ½ šalice nasjeckanog luka
- 1 šalica kiselog vrhnja
- 2 limenke (svaka po 8 unci) umaka od rajčice
- 4 unce mogu narezati gljive
- 2 konzerve (16 unci svaka) čilija, bilo koje vrste
- 1 režanj češnjaka, samljeven
- 2 šalice ribanog cheddar sira

UPUTE:
a) Zagrijte pećnicu na 350 stupnjeva.
b) U velikoj zdjeli pomiješajte sve sastojke osim sira.
c) Prebacite smjesu u podmazanu tepsiju 9x13 inča. Odozgo pospite sirom.
d) Pecite 20 minuta.

77. Tacosi u dubokoj posudi

SASTOJCI:
- ½ šalice kiselog vrhnja
- ½ šalice majoneze
- ½ šalice ribanog cheddar sira
- ¼ šalice nasjeckanog luka
- 1 šalica smjese za biskvit
- ¼ šalice hladne vode
- ½ funte mljevene govedine, zapečene i ocijeđene
- 1 srednja rajčica, tanko narezana
- ½ šalice zelene paprike, nasjeckane

UPUTE:
a) Zagrijte pećnicu na 375 stupnjeva.
b) U zdjeli pomiješajte kiselo vrhnje, majonez, sir i luk. Staviti na stranu.
c) U posebnoj zdjeli miješajte smjesu za biskvit i vodu dok ne dobijete mekano tijesto.
d) Pritisnite tijesto na dno i gore na strane namašćene posude veličine 8x8 inča.
e) Složite govedinu, rajčicu i papriku preko tijesta. Žlicom nalijte smjesu kiselog vrhnja.
f) Pecite 25–30 minuta.

78. Kaubojska tepsija

SASTOJCI:
- 1 funta mljevene govedine
- 1 srednja glavica luka, nasjeckana
- 2 jalapeño paprike, očišćene od sjemenki i narezane na kockice
- 2 paketa (svaki po 6,5 unci) mješavine za kukuruzni kruh
- ½ žličice soli
- ½ žličice sode bikarbone
- 1 limenka (14,75 unci) kremastog kukuruza
- ¾ šalice mlijeka
- 2 jaja, istučena
- 2 šalice ribanog sira cheddar, podijeljene

UPUTE:
a) Zagrijte pećnicu na 350 stupnjeva.
b) U tavi zapržite govedinu s lukom i paprikom dok govedina ne bude gotova. Ocijedite višak masnoće i ostavite sa strane.
c) U zdjeli pomiješajte smjesu za kukuruzni kruh, sol, sodu bikarbonu, kukuruz, mlijeko i jaja. Polovicu tijesta rasporedite po dnu podmazane posude veličine 9x13 inča. Polovicu sira pospite preko tijesta. Žlicom ravnomjerno rasporedite mesnu smjesu po vrhu.
d) Preostali sir pospite preko mesne smjese, a zatim rasporedite preostalo tijesto po vrhu.
e) Pecite, bez poklopca, 35 minuta ili dok kukuruzni kruh ne porumeni i postavi se u sredinu.

79.Nevjerojatna Cheeseburger pita

SASTOJCI:
- 1 funta mljevene govedine, zapečene i ocijeđene
- 1 šalica nasjeckanog luka
- 1 šalica ribanog cheddar sira
- 1 šalica mlijeka
- ½ šalice smjese za biskvit
- 2 jaja

UPUTE:
a) Zagrijte pećnicu na 325 stupnjeva.
b) U podmazanu tepsiju veličine 9x9 inča naslažite govedinu, luk i sir.
c) U zdjeli pomiješajte mlijeko, smjesu za biskvit i jaja. Smjesu tijesta rasporedite preko sira.
d) Pecite 25-35 minuta ili dok nož umetnut u sredinu ne izađe čist.

80. Lonac od mesa i krumpira

SASTOJCI:
- 1 funta mljevene govedine
- 2 srednje glavice luka, nasjeckane
- 1 ½ žličice talijanskog začina
- 4 do 6 srednjih krumpira, oguljenih i tanko narezanih
- sol i papar, po ukusu
- 1 limenka (10,75 unci) kondenzirane krem juhe od gljiva
- ⅓ šalice vode

UPUTE:
a) Zagrijte pećnicu na 350 stupnjeva.
b) U tavi zapržite govedinu i luk zajedno dok govedina ne bude gotova. U smjesu govedine umiješajte talijanske začine. Položite trećinu krumpira na dno podmazane posude veličine 9x13 inča.
c) Pospite krumpir solju i paprom.
d) Po vrhu rasporedite polovicu goveđe smjese. Ponovite slojeve, završavajući slojem krumpira. Pomiješajte juhu i vodu. Po vrhu rasporedite smjesu za juhu.
e) Pokrijte i pecite 1 sat.

81. Tepsija s mesnim okruglicama

SASTOJCI:
- 1 limenka (10,75 unci) pileće krem juhe, kondenzirane
- 1 šalica kiselog vrhnja
- 1 šalica ribanog cheddar sira
- 1 veliki luk, nasjeckan
- 1 žličica soli
- 1 žličica crnog papra
- 1 paket (30 unci) smrznutog nasjeckanog smeđeg mesa, odmrznutog
- 20 prethodno skuhanih smrznutih mesnih okruglica

UPUTE:
a) Zagrijte pećnicu na 350 stupnjeva.
b) U zdjeli pomiješajte juhu, kiselo vrhnje, sir, luk, sol i papar. Papirnatim ručnikom osušite hašiš i zatim umiješajte u smjesu za juhu.
c) Rasporedite smjesa smeđa smjesu u podmazanu tepsiju veličine 9x13 inča.
d) Polpete lagano utisnite u smeđu smjesu u jednakim redovima. Pokrijte i pecite 35 minuta.
e) Otklopite i pecite još 10-15 minuta ili dok ne porumene.

82. Pečenje na roštilju u kolutima luka

SASTOJCI:
- 1-½ funte mljevene govedine
- 1 srednja glavica luka, nasjeckana
- 1 staklenka (18 unci) hickory umaka za roštilj
- 1 vrećica (16 unci) smrznutih kolutića luka

UPUTE:
a) Zagrijte pećnicu na 425 stupnjeva.
b) U tavi zapržite govedinu i luk zajedno dok govedina ne bude gotova. Ocijedite sav višak masnoće. U govedinu i luk umiješajte umak za roštilj.
c) Raširite goveđu smjesu u podmazanu tepsiju veličine 9x13 inča.
d) Po vrhu ravnomjerno stavite kolutove luka.
e) Pecite 20-25 minuta, ili dok kolutići luka ne postanu hrskavi.

83. Sloppy Joe Pie Casserole

SASTOJCI:
- 1 funta mljevene govedine
- 1 srednja glavica luka, nasjeckana
- 1 konzerva (15 unci) zgnječenih rajčica, s tekućinom
- 1 omotnica neuredan joe začin
- 1 tuba (8 unci) ohlađenog polumjeseca rolada

UPUTE:
a) Zagrijte pećnicu na 375 stupnjeva.
b) U tavi zapržite govedinu i luk zajedno dok govedina ne bude gotova.
c) U govedinu i luk umiješajte zgnječene rajčice i začine.
d) Kuhajte na srednje niskoj vatri 5 minuta uz povremeno miješanje.
e) Stavite goveđu smjesu u podmazan, duboki kalup za pite od 9 inča ili okruglu posudu za pečenje.
f) Položite pojedinačno spljoštene polumjesece preko vrha, stavljajući tanki vrh u sredinu, rastežući donji rub trokuta polumjeseca od tijesta prema vanjskoj strani posude.
g) Po potrebi preklopiti tijesto.
h) Pecite 15 minuta, ili dok korica ne porumeni.

84.Jugozapadna tepsija

SASTOJCI:
- 1 funta mljevene govedine, zapečene i ocijeđene
- 2 limenke (svaka po 8 unci) umaka od rajčice
- 1 konzerva (12-15 unci) kukuruza s cijelim zrnom, ocijeđenog
- 1 omotnica začina za taco
- 10 srednjih gordita tortilja od brašna
- 1 limenka (10,75 unci) krem juhe od celera, kondenzirane
- ¾ šalice mlijeka
- 1-½ šalice ribanog chedara ili meksičkog sira

UPUTE:
a) Zagrijte pećnicu na 350 stupnjeva.
b) U zdjeli pomiješajte kuhanu govedinu, umak od rajčice, kukuruz i začin za taco. Upotrijebite 6 tortilja za pokrivanje dna i stranica namaščene posude veličine 9x13 inča.
c) Rasporedite goveđu smjesu preko tortilja. Upotrijebite preostale tortilje za prekrivanje goveđe smjese, izrežite ih ako je potrebno.
d) Pomiješajte juhu i mlijeko i prelijte tortilje. Pospite sirom po vrhu.
e) Pecite 20-25 minuta, ili dok rubovi ne porumene.

85.Tater Tot tepsija

SASTOJCI:
- 1 funta mljevene govedine
- 1 srednja glavica luka, nasjeckana
- 2 konzerve (10,75 unci svaka) vrhnja od gljiva, kondenzirano
- 1 konzerva (14,5 unci) kukuruza s cijelim zrnom, ocijeđenog
- 1 šalica ribanog cheddar sira
- 1 paket (27-32 unce) smrznutih tater tots

UPUTE:
a) Zagrijte pećnicu na 350 stupnjeva.
b) U tavi zapržite govedinu i luk zajedno dok govedina ne bude gotova. Ocijedite sav višak masnoće.
c) Stavite goveđu smjesu na dno podmazane posude veličine 9x13 inča.
d) Žlica 1 konzerva juhe preko vrha. Po sloju juhe pospite kukuruz i sir.
e) Pokrijte tater tots.
f) Preostalu limenku juhe rasporedite po tater tots. Pecite 40 minuta.

JEDNICE OD RIBE I PLODOVA MORA

86.Tuna–Tater Tot lonac

SASTOJCI:
- 1 paket (32 unce) smrznutih tater tots
- 1 limenka (6 unci) tune, ocijeđene
- 1 limenka (10,75 unci) pileće krem juhe, kondenzirane
- ½ šalice mlijeka
- 1 ½ šalice ribanog cheddar sira

UPUTE:
a) Zagrijte pećnicu na 350 stupnjeva.
b) Stavite tater tots u podmazanu posudu za pečenje od 2 litre.
c) Pomiješajte tunu, juhu i mlijeko.
d) Prelijte tater tots pa pospite sirom. Pokrijte i pecite 1 sat.

87. Tradicionalna lonac od tune

SASTOJCI:
- 1 vrećica (12 unci) rezanaca s jajima
- 1 limenka (10,75 unci) kondenzirane krem juhe od gljiva
- ½ šalice mlijeka
- 1 limenka (6 unci) tune, ocijeđene
- 2 šalice ribanog cheddar sira
- ½ šalice zdrobljenog čipsa od chedara i kiselog vrhnja

UPUTE:
a) Zagrijte pećnicu na 400 stupnjeva.
b) Skuhajte rezance prema uputama na pakiranju i ocijedite. Umiješajte juhu, mlijeko, tunu i sir u rezance.
c) Raširite smjesu za rezance u podmazanu posudu za pečenje od 2 litre.
d) Pecite 15 minuta. Pospite zdrobljenim čipsom i pecite još 3-5 minuta.

88.Tepsija sa senfom i lososom

SASTOJCI:
- 2 razmućena jaja
- ⅔ šalice punomasnog mlijeka
- ½ šalice kiselog vrhnja
- ¾ šalice suhih krušnih mrvica
- 1 žličica začina za plodove mora
- ½ žličice začina limun papar
- ¼ žličice sušenog kopra
- 3 šalice kuhanog lososa u listićima
- 3 žlice nasjeckanog celera
- 2 žlice. nasjeckani luk
- 4 ½ žličice soka od limuna
- 1 ⅓ šalice majoneze
- 1 žlica pripremljeni senf (koristite svoj omiljeni)
- 1 bjelanjak
- 2 žlice. mljeveni svježi peršin

UPUTE:
a) U veliku zdjelu dodajte jaja, mlijeko i kiselo vrhnje. Mutiti dok se ne sjedini. Dodajte krušne mrvice, začin za plodove mora, začin od limunske paprike i kopar. Mutiti dok se ne sjedini. Dodajte losos, celer, luk i limunov sok. Miješajte dok se ne sjedini.
b) Pošpricajte posudu za pečenje 11 x 7 neljepljivim sprejom za kuhanje. Žlicom stavljajte lonac u posudu za pečenje. Zagrijte pećnicu na 350°. Pecite 25 minuta ili dok nož zaboden u sredinu posude ne izađe čist.

c) Dok se lonac kuha, dodajte majonezu i senf u malu zdjelu. Miješajte dok se ne sjedini. U manju posudu dodajte bjelanjak. Umutiti jaje
d) bijela dok se ne formiraju čvrsti vrhovi. Nježno umiješajte smjesu majoneze. Rasporedite po tepsiji. Pecite 10-13 minuta ili dok se preljev ne napuhne i lagano porumeni. Izvadite iz pećnice i pospite peršinom po vrhu.

89. Tepsija za večeru od lososa

SASTOJCI:
- ⅓ šalice nasjeckane zelene paprike
- 3 žlice nasjeckani luk
- 2 žlice. biljno ulje
- ¼ šalice višenamjenskog brašna
- ½ žličice soli
- 1 ½ šalice punomasnog mlijeka
- 10,75 unci limenke krem juhe od celera
- 6 unci pakiranje. ružičasti losos bez kosti bez kože
- 1 šalica smrznutog zelenog graška
- 2 žličice soka od limuna
- 8 ct. mogu ohlađene polumjesečaste rolice

UPUTE:
a) U veliku tavu na srednje jakoj vatri dodajte zelenu papriku, luk i biljno ulje. Pirjajte 5 minuta. U tavu dodajte višenamjensko brašno i sol. Stalno miješajte i kuhajte 1 minutu. Uz stalno miješanje polako dodajte mlijeko.
b) Nastavite miješati i kuhajte 2-3 minute ili dok se umak ne zgusne i ne počne stvarati mjehuriće. Maknite tavu s vatre.
c) Dodajte krem juhu od celera, losos, zeleni grašak i limunov sok u tavu. Miješajte dok se ne sjedini i žlicom stavite u posudu za pečenje 11 x 7. Zagrijte pećnicu na 375°.
d) Izvadite tijesto za polumjesec iz konzerve. Tijesto nemojte odmotati. Tijesto narežite na 8 kriški i stavite na vrh tepsije.
e) Pecite 12-15 minuta ili dok polumjesečasta korica ne porumeni, a složenac vruć. Izvadite iz pećnice i poslužite.

90.Bayou tepsija s plodovima mora

SASTOJCI:
- 8 unci krem sira, na kockice
- 4 žlice Neslani maslac
- 1 ½ šalice nasjeckanog luka
- 2 rebra celera, nasjeckana
- 1 velika zelena paprika, nasjeckana
- 1 funta kuhanih srednjih škampa, oguljenih i očišćenih
- 2 konzerve ocijeđenog i narezanog mesa rakova, veličine 6 unci
- 10,75 unci može krem juha od gljiva
- ¾ šalice kuhane riže
- 4 unce staklenke narezanih gljiva, ocijeđenih
- 1 žličica soli češnjaka
- ¾ žličice tabasco umaka
- ½ žličice kajenskog papra
- ¾ šalice nasjeckanog cheddar sira
- ½ šalice mljevenih Ritz krekera

UPUTE:
a) Zagrijte pećnicu na 350°. Pošpricajte posudu za pečenje od 2 litre neljepljivim sprejom za kuhanje. U malu tavu na laganoj vatri dodajte krem sir i 2 žlice maslaca.

b) Neprekidno miješajte i kuhajte dok se krem sir i maslac ne otope. Maknite posudu s vatre.

c) U veliku tavu na srednje jakoj vatri dodajte luk, celer, zelenu papriku i 2 žlice maslaca. Pirjajte 6 minuta ili dok povrće ne omekša.

d) Dodajte škampe, rakove, krem juhu od gljiva, rižu, gljive, češnjak, sol, tabasco umak, kajenski papar i mješavinu krem sira. Miješajte dok se ne sjedini. Maknite tavu s vatre i žlicom stavljajte u posudu za pečenje.

e) Pospite cheddar sir i Ritz krekere po vrhu lonca.

f) Pecite 25 minuta ili dok složenac ne postane vruć i mjehurić. Izvadite iz pećnice i poslužite.

91. Kremasta tepsija s plodovima mora

SASTOJCI:
- 1 funta fileta iverka, izrezanog na komade od 1".
- 1 funta sirovih srednjih škampa, oguljenih i očišćenih
- 10,75 unci limenke krem juhe od škampa
- ¼ šalice punomasnog mlijeka
- 1 šalica mljevenih Ritz krekera
- ¼ šalice ribanog parmezana
- 1 žličica paprike
- 2 žlice. otopljeni neslani maslac

UPUTE:
a) Zagrijte pećnicu na 350°. Pošpricajte posudu za pečenje 11 x 7 neljepljivim sprejom za kuhanje. Stavite komade iverka i škampe u posudu za pečenje.
b) U zdjelu za miješanje dodajte krem juhu od škampa i mlijeko. Miješajte dok se ne sjedini i rasporedite po vrhu ribe i škampa.
c) U manju zdjelu dodajte Ritz krekere, parmezan, papriku i maslac. Miješajte dok se ne sjedini i pospite po vrhu tepsije.
d) Pecite 25 minuta ili dok se riba lako ne ljušti vilicom, a škampi porumene.
e) Izvadite iz pećnice i poslužite.

92. Tepsija od iverka

SASTOJCI:
- 5 žlica Neslani maslac
- ¼ šalice višenamjenskog brašna
- ½ žličice soli
- ⅛ žličice bijelog papra
- 1 ½ šalice punomasnog mlijeka
- 1 šalica nasjeckane zelene paprike
- 1 šalica nasjeckanog luka
- 2 šalice kuhanog iverka, narezanog na kockice
- 3 tvrdo kuhana jaja nasjeckana
- 2 unce staklenke crvenog pimenta narezanog na kockice, ocijeđenog
- ⅓ šalice nasjeckanog sira cheddar

UPUTE:
a) U veliku tavu na srednje jakoj vatri dodajte 4 žlice maslaca. Kad se maslac rastopi dodajte višenamjensko brašno, sol i bijeli papar.
b) Stalno miješajte i kuhajte 1 minutu. Uz stalno miješanje polako dodajte mlijeko. Nastavite miješati i kuhajte oko 2 minute ili dok se umak ne zgusne. Maknite posudu s vatre i stavite poklopac na posudu.
c) Zagrijte pećnicu na 375°. Pošpricajte vatrostalnu posudu od 1 ½ litre neljepljivim sprejom za kuhanje. U malu tavu na srednje jakoj vatri dodajte 1 žlicu maslaca. Kad se maslac otopi dodajte zelenu papriku i luk.
d) Pirjajte 5 minuta ili dok povrće ne omekša. Maknite s vatre i dodajte u umak.
e) U umak dodajte iverak, kuhana jaja i crveni piment. Miješajte dok se ne sjedini i žlicom stavite u vatrostalnu posudu.
f) Pospite cheddar sirom po vrhu lonca.
g) Pecite 15-20 minuta ili dok složenac ne postane vruć i mjehurić.
h) Izvadite iz pećnice i poslužite.

93. Tepsija od pečenog lista i špinata

SASTOJCI:
- 16 šalica vode
- 8 unci pakiranje. rezanci od jaja
- 3 žlice Neslani maslac
- 3 žlice višenamjensko brašno
- 3 šalice punomasnog mlijeka
- 1 ½ šalice nasjeckanog cheddar sira
- 1 žlica sok od limuna
- 1 žličica soli
- 1 žličica mljevene gorušice
- 1 žličica Worcestershire umaka
- ⅛ žličice mljevenog muškatnog oraščića
- ⅛ žličice crnog papra
- 2 pakiranja. odmrznuti i iscijeđeni suhi smrznuti špinat, veličine 10 unci
- 1 ½ funte fileta lista
- ¼ šalice prženih narezanih badema

UPUTE:

a) U veliku tavu za umak na srednje jakoj vatri dodajte vodu. Kad voda proključa, umiješajte rezance od jaja. Kuhajte 6 minuta ili dok rezanci ne omekšaju. Maknite posudu s vatre i ocijedite svu vodu iz rezanaca.

b) U veliku tavu za umak na srednje jakoj vatri dodajte maslac. Kad se maslac otopi, umiješajte višenamjensko brašno. Stalno miješajte i kuhajte 1 minutu.

c) Uz stalno miješanje polako dodajte mlijeko.

d) Nastavite miješati i kuhajte 2 minute ili dok se umak ne zgusne i ne počne stvarati mjehuriće.

e) U tavu dodajte 1 šalicu cheddar sira, limunov sok, sol, mljeveni senf, Worcestershire umak, muškatni oraščić i crni papar. Miješajte dok se ne sjedini i dok se sir ne otopi.

f) Dodajte rezance u umak. Miješajte dok se ne sjedini. Izvadite pola umaka i stavite u zdjelu.

g) Zagrijte pećnicu na 375°. Pošpricajte posudu za pečenje 9 x 13 neljepljivim sprejom za kuhanje. Žlicom dodajte preostali umak u posudu za pečenje. Preko umaka u tepsiji stavite špinat. Preko vrha stavite filete lista.

h) Preko vrha rasporedite ostavljeni umak od sira. Po umaku pospite bademe.

i) Pecite 30 minuta ili dok složenac ne postane mjehurić i dok se taban lako ne ljušti vilicom. Izvadite iz pećnice i poslužite.

94.Tepsija od kukuruza i ribljih štapića

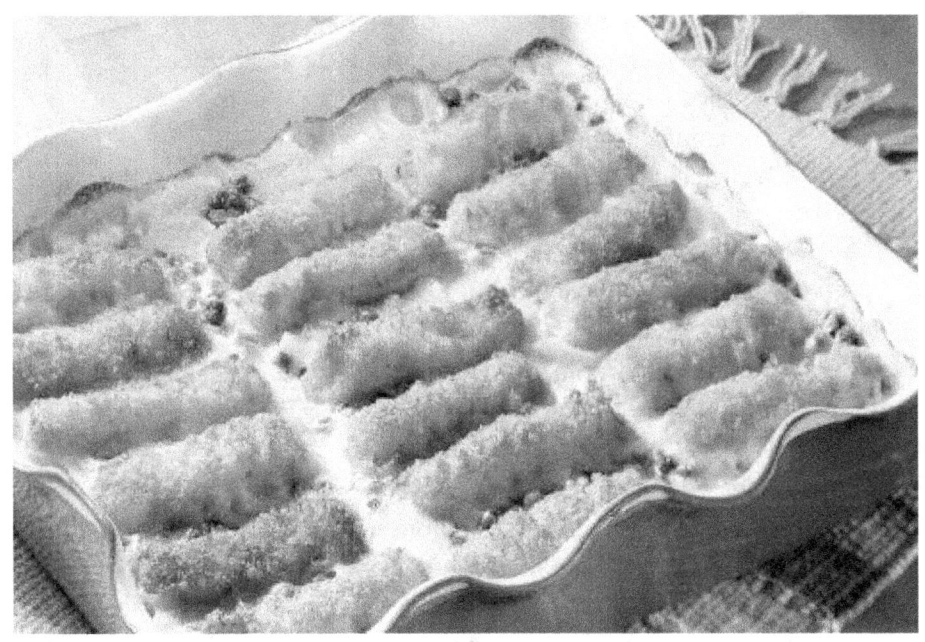

SASTOJCI:

- ¼ šalice nasjeckanog luka
- ¼ šalice nasjeckane zelene paprike
- ¼ šalice neslanog maslaca, narezanog na kockice
- ¼ šalice višenamjenskog brašna
- 1 ½ čajna žličica soli
- ¼ žličice crnog papra
- 2 žličice granuliranog šećera
- 2 konzerve pirjanih rajčica, veličine 14 unci
- 2 pakiranja. otopljeni smrznuti kukuruz s cijelim zrnom, veličine 10 unci
- 24 unce pakiranje. smrznuti riblji štapići

UPUTE:

a) Zagrijte pećnicu na 350°. Pošpricajte dvije posude za pečenje 11 x 7 neljepljivim sprejom za kuhanje. U veliku tavu na srednje jakoj vatri dodajte luk, zelenu papriku i maslac. Pirjajte 4 minute.

b) U tavu dodajte višenamjensko brašno, sol, crni papar i granulirani šećer. Stalno miješajte i kuhajte 1 minutu. Dodajte rajčice sa sokom u tavu. Stalno miješajte i kuhajte 2-3 minute ili dok se umak ne zgusne i ne počne stvarati mjehuriće. Maknite tavu s vatre i dodajte kukuruz. Miješajte dok se ne sjedini. Žlicom stavljajte u posude za pečenje.

c) Na vrh tepsije stavite riblje štapiće. Posude pokrijte aluminijskom folijom. Pecite 25 minuta. Uklonite aluminijsku foliju. Pecite 15 minuta ili dok riblji štapići ne porumene, a složenac vruć i mjehurić.

d) Izvadite iz pećnice i poslužite.

95.Tepsija od kamenica

SASTOJCI:
- 1 litra oljuštenih kamenica
- 2 šalice nasjeckanog luka
- 1 ½ šalice nasjeckanog celera
- ¾ šalice neslanog maslaca
- ½ šalice višenamjenskog brašna
- 2 šalice pola-pola vrhnja
- 2 žličice nasjeckanog svježeg peršina
- 1 žličica soli
- ½ žličice suhe majčine dušice
- ¼ žličice crnog papra
- ⅛ žličice kajenskog papra
- 4 umućena žumanjka
- 2 šalice mljevenih Ritz krekera

UPUTE:
a) Ocijedite kamenice, ali spremite liker od kamenica u manju zdjelu. U veliku tavu na srednje jakoj vatri dodajte luk, celer i ½ šalice maslaca. Pirjajte 6 minuta ili dok povrće ne omekša.
b) Dodajte višenamjensko brašno u tavu. Stalno miješajte i kuhajte 1 minutu. Uz stalno miješanje polako dodavati pola-pola vrhnja. Nastavite miješati i kuhajte oko 2 minute ili dok se umak ne zgusne i ne počne stvarati mjehuriće.
c) Smanjite vatru na najnižu. Dodajte peršin, sol, timijan, crni papar, kajenski papar i sačuvanu tekućinu od kamenica. Stalno miješajte i kuhajte 2 minute. Dodajte tučene žumanjke u manju zdjelu. U jaja dodajte 1 žlicu umaka. Mutiti dok se ne sjedini. U žumanjke dodajte još jednu žlicu umaka.
d) Mutiti dok se ne sjedini. Dodajte žumanjke u tavu i miješajte dok se ne sjedine. Maknite posudu s vatre.
e) Pošpricajte posudu za pečenje 9 x 13 neljepljivim sprejom za kuhanje. Zagrijte pećnicu na 400°. Pola umaka rasporedite po tepsiji.
f) Preko umaka rasporedite polovicu kamenica. Po vrhu pospite pola Ritz krekera. Ponovite korake slojeva još 1 put.
g) U zdjelu za mikrovalnu dodajte ¼ šalice maslaca. Stavite u mikrovalnu na 30 sekundi ili dok se maslac ne otopi. Izvadite iz mikrovalne pećnice i pospite maslacem vrh mrvica krekera. Pecite 25 minuta ili dok složenac ne postane mjehurić i ne porumeni.
h) Izvadite iz pećnice i ostavite lonac da odstoji 10 minuta prije posluživanja.

96.Kreolski lonac od škampa

SASTOJCI:

- 2 žlice. maslinovo ulje
- 1 ½ šalice nasjeckane zelene paprike
- 1 šalica nasjeckanog luka
- ⅔ šalice nasjeckanog celera
- 2 režnja češnjaka, mljevena
- 1 šalica suhe riže dugog zrna
- 14 unci konzerve rajčice narezane na kockice
- 2 žličice tabasco umaka
- 1 žličica sušenog origana
- ¾ žličice soli
- ½ žličice suhe majčine dušice
- Crni papar po ukusu
- 1 funta srednjih svježih škampa, oguljenih i očišćenih
- 1 žlica svježi mljeveni peršin

UPUTE:

a) Zagrijte pećnicu na 325°. U veliku tavu na srednje jakoj vatri dodajte maslinovo ulje. Kad se ulje zagrije dodajte zelenu papriku, luk, celer i češnjak. Pirjajte 5 minuta. Dodajte rižu u tavu. Pirjajte 5 minuta.

b) Ocijedite rajčice, ali sačuvajte tekućinu. Dodajte vodu u tekućinu od rajčice do 1 ¾ šalice. Dodajte rajčice, tekućinu od rajčice, Tabasco umak, origano, sol, timijan i crni papar po ukusu u tavu.

c) Miješajte dok se ne sjedini i kuhajte 2 minute. Maknite tavu s vatre i umiješajte škampe.

d) Stavite lonac u posudu za pečenje od 2 ½ litre. Prekrijte posudu aluminijskom folijom. Pecite 50-55 minuta ili dok riža ne omekša.

e) Izvadite posudu iz pećnice i po vrhu pospite peršinom.

97. Gratinirana tepsija s plodovima mora

SASTOJCI:
- 8 unci kuhanih srednjih škampa, oguljenih i očišćenih
- 8 unci kuhanog mesa rakova
- 8 unci kuhanog lista, nasjeckanog
- 8 unci kuhanog jastoga, nasjeckanog
- 2 žlice. Neslani maslac
- 2 žlice. višenamjensko brašno
- ½ šalice punomasnog mlijeka
- ¼ šalice ribanog parmezana
- ½ šalice Coca cole
- 2 žlice. panko krušne mrvice

UPUTE:
a) Zagrijte pećnicu na 325°. Pošpricajte posudu za pečenje od 2 litre neljepljivim sprejom za kuhanje. Dodajte škampe, rakove, list i jastoga u posudu za pečenje. U tavu na srednje jakoj vatri dodajte maslac.
b) Kada se maslac rastopi dodajte univerzalno brašno. Stalno miješajte i kuhajte 1 minutu.
c) Uz stalno miješanje polako dodajte mlijeko i parmezan. Neprestano miješajte i kuhajte 3 minute ili dok se umak ne zgusne i ne počne stvarati mjehuriće.
d) Maknite posudu s vatre i umiješajte Coca Colu. Umak premažite preko plodova mora u posudi za pečenje. Po vrhu pospite krušnim mrvicama.
e) Pecite 20 minuta ili dok složenac ne postane vruć i mjehurić. Izvadite iz pećnice i ohladite 5 minuta prije posluživanja.

SLATKE TEPSICE

98. Tepsija od prhkog tijesta od jagoda

SASTOJCI:
- 3 ½ šalice gustog vrhnja
- 16 unci mascarpone kreme, na sobnoj temperaturi ½ šalice plus 2 žlice. šećer u prahu
- 2 žličice ekstrakta vanilije
- ¼ žličice soli
- 90 prhkih kolačića
- 2 funte svježih jagoda, oljuštenih i narezanih
- 1 banana, oguljena i narezana

UPUTE:

a) Dodajte gusto vrhnje, mascarpone kremu, šećer u prahu, ekstrakt vanilije i sol u zdjelu za miješanje. Mikserom na srednjoj brzini tucite gotovo dok ne dobijete čvrste vrhove. Krema treba biti čvrsta, ali još uvijek razmaziva.

b) Na dno tepsije 9 x 13 premažite tanak sloj kreme. Preko kreme stavite red prhkih kolačića. Premažite ¼ preostale kreme preko kolačića. Preko kreme stavite ⅓ jagoda. Preko jagoda stavite drugi sloj kolačića.

c) Premažite drugi sloj kreme preko kolačića. Preko kreme stavite drugu ⅓ jagoda. Preko jagoda stavite drugi sloj kolačića. Ponovite korake slojeva još 1 put.

d) Po vrhu stavite kriške banane. Tepsiju premažite preostalom kremom. Pokrijte pleh plastičnom folijom. Hladiti najmanje 6 sati prije posluživanja.

99.Palačinka s komadićima čokolade i banane

SASTOJCI:
- 4 jaja
- 1 šalica gustog vrhnja
- ¼ šalice javorovog sirupa
- 1 žličica ekstrakta vanilije
- 40 smrznutih minijaturnih palačinki, odmrznutih
- 2 banane, oguljene i tanko narezane
- ¾ šalice minijaturnih komadića čokolade
- Šećer u prahu po ukusu

UPUTE:
a) Okrugli kalup za tortu od 9 inča poprskajte neljepljivim sprejom za kuhanje. U zdjelu za miješanje dodajte jaja, vrhnje, javorov sirup i ekstrakt vanilije. Mutiti dok se ne sjedini. Stavite pola palačinki u kalup za tortu.
b) Stavite polovicu kriški banane preko palačinki. Polovicom komadića čokolade pospite palačinke. Preko vrha prelijte pola smjese jaja. Ponovite korake nanošenja slojeva još jednom.
c) Prekrijte tepsiju aluminijskom folijom. Stavite u hladnjak na 2 sata. Izvadite iz hladnjaka i ostavite lonac na sobnoj temperaturi 30 minuta. Zagrijte pećnicu na 350°. Pecite 30 minuta. Uklonite aluminijsku foliju iz tepsije.
d) Pecite 5-10 minuta ili dok se složenac ne stegne, a palačinke vruće.
e) Izvadite iz pećnice i pospite šećerom u prahu po ukusu.

100.Smores Ionac

SASTOJCI:
- 2 lista smrznutog lisnatog tijesta, odmrznuta
- 1 funta krem sira, omekšalog
- 1 šalica granuliranog šećera
- 7 unci staklenke marshmallow kreme
- 9 graham krekera
- 6 žlica otopljeni neslani maslac
- 1 šalica poluslatkih komadića čokolade
- 2 šalice minijaturnog marshmallowa

UPUTE:
a) Zagrijte pećnicu na 375°. Lagano poprskajte posudu za pečenje 9 x 13 neljepljivim sprejom za kuhanje. Razvaljajte 1 list lisnatog tijesta dovoljno velik da stane na dno posude za pečenje. Lisnato tijesto stavite na dno kalupa. Lisnato tijesto po cijelom dijelu izbodite vilicom.
b) Pecite 4 minute. Izvadite iz pećnice i potpuno ohladite prije punjenja.
c) U zdjelu za miješanje dodajte krem sir i ¾ šalice granuliranog šećera. Mikserom na srednjoj brzini tucite dok smjesa ne bude glatka i sjedinjena. Dodajte marshmallow kremu u zdjelu. Miješajte dok se ne sjedini i rasporedite po lisnatom tijestu u kalupu.
d) U maloj zdjeli zdrobite graham krekere u mrvice. U zdjelu dodajte 2 žlice granuliranog šećera i 3 žlice maslaca. Miješajte dok se ne sjedini i pospite po vrhu nadjeva od kreme.
e) Po vrhu pospite komadiće čokolade i minijaturne marshmallow kolačiće. Drugi list lisnatog tijesta razvaljajte toliko da prekrije vrh.
f) Izbodite tijesto po cijeloj površini vilicom i stavite na vrh lonca. Premažite 3 žlice maslaca po vrhu lisnatog tijesta. Po vrhu pospite preostali šećer u prahu.
g) Pecite 12-15 minuta ili dok se lisnato tijesto ne napuhne i ne porumeni.
h) Izvadite iz pećnice i ohladite 5 minuta prije posluživanja.

ZAKLJUČAK

Dok završavamo naše putovanje kroz " Kuharica Za Brzo Popravljanje Tespija ", nadamo se da ste otkrili užitak i praktičnost pripreme ukusne ugodne hrane s lakoćom. Lonci na poseban način zbližavaju ljude, bilo da se radi o večeri s obitelji ili na ručku s prijateljima. Dok nastavljate istraživati svijet kuhanja složenaca, neka vas svaki recept koji isprobate približi jednostavnim užicima domaćih jela i dragim sjećanjima.

Dok okrećete posljednje stranice ove kuharice i mirisi pečene dobrote ostaju u vašoj kuhinji, znajte da putovanje ovdje ne završava. Eksperimentirajte s novim sastojcima, prilagodite recepte svojim preferencijama ukusa i prigrlite radost dijeljenja ukusnih obroka s onima koje volite. A kada vam treba brz i ugodan obrok, " Kuharica Za Brzo Popravljanje Tespija " bit će tu, spremna da vas vodi u vašim kulinarskim avanturama.

Hvala vam što ste nam se pridružili na ovom ukusnom putovanju kroz svijet složenaca. Neka vaša kuhinja bude ispunjena ugodnim mirisima pečenja, vaš stol smijehom najmilijih, a srce toplinom domaćih jela. Do ponovnog susreta, sretno kuhanje i bon appétit!

www.ingramcontent.com/pod-product-compliance
Lightning Source LLC
Chambersburg PA
CBHW070419120526
44590CB00014B/1461